Public Security

中国城市公共安全深访报告(2020)

In-depth Interview Report on Urban Public Security in China (2020)

曹 明 周云圣 王义保 主编

中国矿业大学出版社
·徐州·

图书在版编目(CIP)数据

中国城市公共安全深访报告. 2020 / 曹明，周云圣，王义保主编. —徐州：中国矿业大学出版社，2020. 12

ISBN 978-7-5646-4952-4

Ⅰ. ①中… Ⅱ. ①曹… ②周… ③王… Ⅲ. ①城市—公共安全—安全管理—研究报告—中国—2020 Ⅳ. ①D630.8

中国版本图书馆 CIP 数据核字(2020)第 271196 号

书　　名	中国城市公共安全深访报告(2020) Zhongguo Chengshi Gonggong Anquan Shenfang Baogao(2020)
主　　编	曹　明　周云圣　王义保
责任编辑	姜　翠
出版发行	中国矿业大学出版社有限责任公司 (江苏省徐州市解放南路　邮编 221008)
营销热线	(0516)83885370　83884103
出版服务	(0516)83995789　83884920
网　　址	http://www.cumtp.com　**E-mail**:cumtpvip@cumtp.com
印　　刷	广东虎彩云印刷有限公司
开　　本	710 mm×1000 mm　1/16　**印张** 10.75　**字数** 211 千字
版次印次	2020 年 12 月第 1 版　2020 年 12 月第 1 次印刷
定　　价	68.00 元

(图书出现印装质量问题，本社负责调换)

前　言

城市安全是国家安全的重要组成部分,更是经济社会发展的重要前提。伴随着城市化程度的迅速提高,城市人口和规模激增,城市要素愈发多样,城市结构更加复杂,城市公共安全面临的挑战日益严峻,威胁城市正常运转及经济发展的各类公共安全问题频繁发生。在推进城市公共安全建设的同时,城市居民的安全感愈发成为衡量城市公共安全状况、体现政府治理能力、评价政府公共安全治理成效的一项重要指标。

为了更加详尽地了解城市公共安全现状,客观真实地反映我国城市居民公共安全感的现状及问题,课题组在 2019 年 7—8 月组织开展了全国城市居民公共安全感入户调查,测算得出中国城市居民公共安全感指数,形成《中国城市公共安全感调查报告(2020)》。在公共安全感调查的基础之上,课题组另组织 10 余队调查小组 20 余名师生赴全国部分城市进行城市居民深度访谈(深访),收集全国城市公共安全第一手资料,力求全面描绘城市公共安全的“全景图”,反映城市居民的真实公共安全需求,为我国城市公共安全发展的战略决策和学术研究提供重要依据。

在前期研究的基础之上,课题组通过对城市居民进行深度结构化访谈,形成了 18 篇城市公共安全深度访谈专题报告,分别为:北京篇、长春篇、长沙篇、贵阳篇、哈尔滨篇、杭州篇、呼和浩特篇、昆明篇、南昌篇、南京篇、南宁篇、宁波篇、上海篇、石家庄篇、太原篇、天津篇、西安篇、银川篇。专题报告对重点城市居民的公共安全感进行探析,探析城市居民对于当前城市公共安全满意或不满意的方面、所关注的重点,深度剖析其中原因,并结合城市居民反馈对城市公共安全存在的问题与挑战提出相应的对策建议,以期为城市公共安全治理提供参考。

目　录

北 京 篇

访谈时间： 2019 年 7 月 5 日—7 月 8 日

访谈地点： 海淀区、昌平区、朝阳区、东城区、西城区

访谈人员： 廉吉忠

一、调查背景

调查背景主要介绍此次访谈的主要内容，从城市介绍、访谈概况以及受访者基本信息这些内容展开。城市介绍主要是对北京市的大体情况进行描述，让大家更好地了解这座城市；访谈概况主要从访谈的内容以及目的进行介绍；受访者基本信息主要是对受访者的信息进行整理，对其年龄结构和职业结构进行分析。

（一）北京市介绍

北京市，简称“京”，是中华人民共和国的首都，是全国的政治中心、文化中心，也是世界著名古都和现代化国际城市。北京市位于北纬 39°56′、东经 116°20′，地处华北大平原的北部，东面与天津市毗连，其余均与河北省相邻。北京市属暖温带半湿润半干旱季风气候，地势西北高、东南低，西部、北部和东北部三面环山，东南部是一片缓缓向渤海倾斜的平原。北京市行政辖区总面积为 16 410 平方千米。①

（二）访谈概况

本次在北京市的访谈从 2019 年 7 月 5 日至 2019 年 7 月 8 日，4 天的时间里，访谈人员共走访了北京市的海淀区、昌平区、朝阳区、东城区、西城区等 5 个

① 来源于北京市人民政府网站。

区，选取了20名受访者，从自然安全、生态安全、公共卫生安全、食品安全、交通安全、公共场所设施安全、社会治安安全、社会保障安全以及信息安全等9个方面了解了他们对北京市城市公共安全的基本评价。访谈采用深度访谈的形式，挖掘城市居民对于城市公共安全的感受，为城市公共安全领域的后续研究提供了第一手资料。

（三）受访者基本信息

在受访群体的选择上，本次访谈兼顾了不同性别、不同年龄和不同职业的北京市居民，且选取在北京市居住两年以上的受访者，这使得研究更具有可信性。总体来看，受访样本兼顾了年龄、性别、职业等的分布合理性。

在受访的20名北京市居民中，从性别上看，男性受访者16人，女性受访者4人。从年龄分布上看，20～30岁8人，31～40岁7人，40岁以上5人。此次随机访谈人群较为集中在中青年群体，作为社会主力军的中青年群体，他们参与工作，照顾家庭，为社会建设贡献着自己的力量。中青年群体与社会接触零距离，对城市公共安全有着真切的感受，因此访谈的信息更具有效性和真实性。从职业分布上看，主要职业为学生、公务员、退休人员以及企业工作人员等，职业范围比较广泛，最大程度上兼顾了不同职业背景的人对于城市公共安全状况的评价。

二、北京市城市公共安全评价

城市为其居民的生命和财产提供基本安全保障，维护和保障城市公共领域的秩序、利益和价值，使其按照固有规律常态化运行。良好的城市公共安全状态是城市发展的核心基础，是居民生产生活的基本条件[①]。城市公共安全评价反映的是城市居民对整个城市环境的安全感知程度，本次访谈主要通过受访者对自然安全、生态安全、公共场所设施安全、食品安全、公共卫生安全、交通安全、社会治安安全、社会保障安全、信息安全等9个方面的评价，获得居民对北京市城市公共安全状况的整体认知，进而发现问题并提出改进的意见。

（一）北京市城市公共安全整体评价

城市公共安全评价是城市居民对一个城市公共安全状况的主观衡量。本次访谈通过受访者对自然安全、生态安全、公共场所设施安全、食品安全、公共

① 张宇栋，吕淑然. 城市公共安全管理存在的问题及其解决途径[J]. 城市问题，2018(11)：81-87.

卫生安全、交通安全、社会治安安全、社会保障安全、信息安全等 9 个方面的评价，结合访谈的有效信息，了解了受访者对北京市城市公共安全的满意概况，并对其提出的意见和建议进行了整理。

1. 令人满意的北京市城市公共安全状况

本次访谈设置的问题主要涉及自然安全、生态安全、公共卫生安全、食品安全、交通安全、公共场所设施安全、社会治安安全、社会保障安全、信息安全等 9 个方面。从访谈的结果来看，受访者对北京市的社会治安安全满意度最高，高达 16 人次，占受访人数的 80%；对公共场所设施安全感到满意的有 14 人次，占受访人数的 70%；对食品安全感到满意的有 13 人次，占受访人数的 65%。因此，令受访者满意的城市公共安全分项前 3 位分别是社会治安安全、公共场所设施安全和食品安全。令人满意的北京市城市公共安全状况，见图 1。

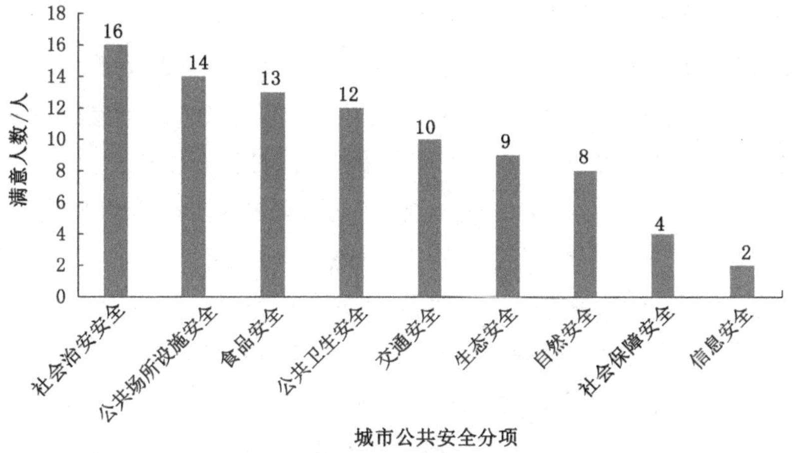

图 1　令人满意的北京市城市公共安全状况

2. 令人不满意的北京市城市公共安全状况

通过对访谈信息的整理，可以发现北京市城市公共安全仍然存在许多令居民不太满意的地方。在 20 位受访者中，有 18 位受访者对信息安全感到不满意，占 90%；有 15 位受访者对社会保障安全感到不满意，占 75%；有 11 位受访者对交通安全感到不满意，占 55%。因此，令受访者感到不满意的城市公共安全分项主要是信息安全、社会保障安全和交通安全。令人不满意的北京市城市公共安全状况，见图 2。

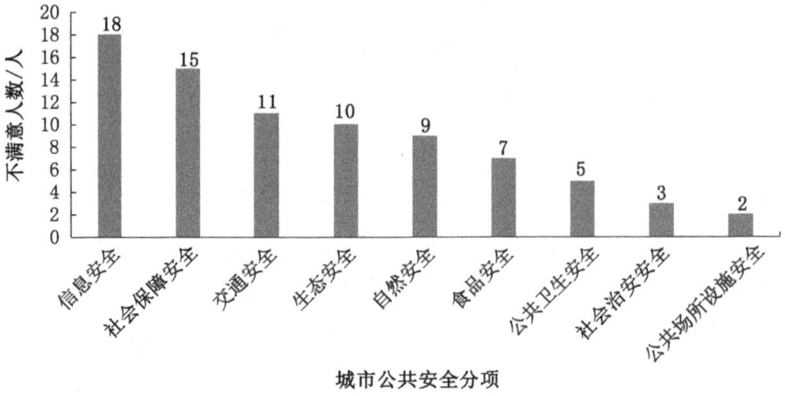

图 2　令人不满意的北京市城市公共安全状况

（二）北京市城市公共安全分项评价高的原因

当被问到北京市的城市公共安全感高不高的时候，受访者表示对北京市很满意。他们认为北京市作为我国的首都，无论是经济发展、政治发展还是文化发展均位于全国前列，成为全国各地学习的榜样。在社会治安安全方面，北京市作为首都，经常召开各类大型国内外会议，其日常安保工作做得非常到位，无论是地铁还是公交车，都有专人进行检查，以减少事故的发生。此外，在颐和园和天安门等旅游景点，也都有专人对游客的行李进行检查，以有效保护文物，减少不法分子的破坏。在公共场所设施安全方面，受访者对北京市的市政设施很满意。受访者表示有人会定期对市政设施进行检修，维修的效率也比较高。在食品安全方面，北京市政府对食品把控比较严格，会定期地对食品进行质检和抽检，对不良商家进行处罚，切实保障了居民的食品安全。

1. 安保体系完备，生活稳定和谐

北京市作为我国的政治中心和文化中心，经常召开大型的政治会议，其安保体系比较完善，很少发生安全事件。即使发生安全事件，北京市的警力也十分充足且出警速度很快，能够及时到达案发现场。随着政府部门的机构改革和办事流程逐渐简化，北京市政府对社会治安治理环境进行全方位优化，有效保证了社会治安综合治理的成效与质量。其中，文化环境对社会治安综合治理的影响较大。北京市良好的文化环境能够凝聚集体智慧和力量，化解社会矛盾，实现社会良性互动。北京市政府通过优化社会治安治理的文化环境，能够促使公众形成共同的价值观念，进一步强化社会公德教育，自觉维护社会公共安全，提升公众公共安全素养水平。此外，法治环境也是优化社会治安治理环境的重要方面。北京市政府通过推进法治环境建设，提升了社会治安综合治理的制度化程度，使行政执法更加公开、透明，公众能够通过多种渠道对政府行为进行全过程监督，减少甚至杜绝不当行政行为对社会治安造成的影响，避免社会矛盾的激化，从而为社会治安综合治理创造良好的环境①。

严女士说："没有发生过群体性事件，也没有发生过重大的刑事案件。"

赵女士说："发生安全事件时，警察能及时到达。小偷好多年前有，现在几乎没有了。"

朱先生说："治安比较好，警察能及时到达。"

李先生说："北京市治安挺好，我经常晚上一人出去逛，路上人很少，但是也没有出现过什么问题，治安情况还是挺令人满意的。"

魏先生说："我觉得北京市的警察已经做得挺好的了。"

2. 公共基础设施日趋完善，居民生活便利程度高

近年来，北京市的基础设施建设日趋完善，市政设施能够满足居民基本的日常生活需要，基础设施的质量也有保障，会有专人进行定期检修，一旦出现故障之后，维修效率特别高。居民也经常会接触到安全用电用气等方面的知识宣传和培训。

张先生说："一般情况下，如果有人看到市政设施有故障，就会马上打电话，过个十几分钟就会有专业人员过来维修，效率还是挺高的。"

朱先生说："市政设施能够满足生活需要，很少有故障，就算有故障，也能得到及时维修。市政设施整体来说比较好，没什么大问题。"

李先生说："宿舍会有防火灾防触电之类的提示信息，设施安全做得也还好，没有听说过因为这方面的事发生过很大事故的。"

吕先生说："至少我居住的这个小区还是可以满足我需求的。宣传是有的，社区的公告栏会定期更新一些安全信息，也会以板报的形式呈现。"

3. 食品监管体系日趋完善

受访者表示，在北京市生活，周边会有大型的生活超市和果蔬市场，以保障日常的生活供应；外出就餐时餐厅卫生情况也相对较好，不会出现脏乱差的现象。北京市政府平时会对本市的食品进行定期的质检和抽检，以保证居民食品

---

① 闫立新.社会治安综合治理路径创新研究[J].中学政治教学参考，2019(20)：82.

的安全卫生；也会对食品外卖平台进行严格的管理，提高外卖食品商家的准入门槛，切实保证外卖食品的质量。此外，还有专门机构对农药超标、地沟油以及食品添加剂过量等问题进行检查。

李先生说："北京市的饭店总体来说管理还是很正规的，我觉得还是不错的，不管我是去外面餐馆就餐还是订购外卖食品，出问题的还真没有。"

王先生说："我选择的饭店都是环境比较好的，对食品安全比较满意。"

邓先生说："我觉得北京市的食品安全状况还好。北京市是我国的首都，在各方面大多起到了模范带头作用。"

（三）北京市城市公共安全分项评价低的原因

通过访谈发现，受访者对城市公共安全不满意的方面主要有信息安全、社会保障安全以及交通安全。在信息安全方面，许多受访者表示，日常会接到各类骚扰电话。比如，一旦通过手机咨询过一些问题，之后就会有各种各样的商家打过来电话；在一些购物平台买过东西后，平时就会收到各种打折促销的短信。个别受访者表示身边有朋友遭受过金融诈骗，财产受到了严重的损失。在社会保障安全方面，北京市的外来人口比较多，但是外来人口很少能够享受到和本地居民同等的保障，保险的险种也不够完善，一些大病医疗还有牙科保险等还不是特别完善。外来人口一旦生病以后，整个家庭还是负担较重的。在交通安全方面，北京市的堵车现象相对比较严重，特别是早晚高峰时段，严重影响了居民的出行。

1. 个人信息泄露事件频发，网络诈骗时有发生

信息安全方面，大数据时代下，个人的信息经常会因为各种原因被泄露，居民在日常生活中会接到各种骚扰电话和推销电话，甚至遭遇各种各样的网络诈骗。因此，在平时的生活中要注意保护个人信息，对于包含个人信息的物品不要随意丢弃，比如快递单、火车票之类，以免给不法分子以可乘之机。

严女士说："我对信息安全不满意。我经常接到一些骚扰电话，举报此类电话的流程比较烦琐，后续处理结果没有跟进。"

魏先生说："现在谈到信息安全主要说的是其整体标准，对于信息安全个人应该怎么做，有什么样的规定，我觉得都应该有更具体的标准。针对信息安全泄露，相关网络安全公司，应该进行安全隔离，对相关漏洞进行修补。这些网络安全公司还可以针对信息安全泄露等问题进行一些培训。"

2. 社会保障体系不完善,保险险种不丰富

社会保障安全方面,受访者表示目前北京市的社会保险险种不够完善,尤其是大病医疗保险和牙科保险。赵女士和严女士表示自己在北京市治疗了两颗牙花了一万多元,而且还不在社保的报销范围之内。北京市的外来人口特别多,但是很多人不能较好享受北京市的社保。

张先生说:"我觉得关于老人的社会保障,政府的支持力度还可以再加大一点。"

朱先生说:"目前医保的范围还是不够大,可以根据现实就医情况,适度扩大一些医保的报销范围。"

王先生说:"北京市的工资相对来说挺高的,但是在北京市的日常花费也很高,每月节余的钱比较少。"

3. 日常出行拥堵,居民生活受到影响

交通安全方面,北京市早晚交通高峰期,道路比较拥挤,这在一定程度上耽误了居民的正常行程,降低了办事的效率。同时,北京市的私家车数量众多,产生了较多的污染废气,空气质量下降,给居民的正常生活带来了各种影响。

张先生说:"北京市的交通状况不是很好。"

严女士说:"虽然北京市出台了一些针对共享单车的管理政策,但大街上还是哪儿都能看到共享单车东倒西歪的样子。"

王先生说:"交通比较拥堵,一言难尽,特别是早晚交通高峰期。"

三、提升北京市城市公共安全的有关建议

近年来,伴随后工业化时代的到来和现代化的推进,工业化生产和高密度居住逐渐成为城市的主要特征,城市的各类安全风险开始由潜在的隐性因素转变为显性因素。随着我国城市化进程加快,城市的人口和规模不断扩大,功能及结构更加复杂。风险演化机理的变异、危害程度的加重以及频发的城市公共安全事件等,使得城市的脆弱性加剧。

(一)创新城市公共安全管理工作机制,提高居民的防灾自救能力

从公共安全管理的宏观角度出发,提升统筹能力,化解各部门条块化分割的状态,提高各行业管理部门协同合作的水平,一定程度上能够降低城市公共

安全管理治理成本，提高安全防控的效率[1]。突发事件发生时，社区居民往往首当其冲。大部分居民的防灾应急知识较为缺乏，更容易遭受灾难的打击，所以要提高居民的危险意识，提高居民防灾自救的能力。

有受访者提出："政府要加大关于防震、抗震、台风这类的知识宣传教育。"

有受访者认为："政府应加强有关特大暴雨灾害的防范教育。"

（二）加大环境保护力度，为居民营造良好的生态环境

政府人员要一票否决污染企业的进入，应引进低污染低耗能的企业，促进产业结构的调整。应加大对于垃圾分类处理的宣传，完善生活垃圾分类处理的体制和机制、细化标准，传递垃圾分类的信息，让居民养成垃圾分类处理的习惯。

有受访者提出："应对垃圾进行科学分类，垃圾分类时要照顾到普通居民，让他们一眼就能知道自己手中的垃圾属于哪个类别，降低分类的难度，这样才能增强他们的自主环保意识。"

有受访者认为："政府的管理到位了，垃圾分类就到位了，因此还是需要强化政府的管理。另外，垃圾箱也需要设置不同的颜色、不同的结构。垃圾应在家里先做好区分，要记住每个垃圾应该投放到哪个垃圾箱里面。"

（三）完善食品安全的监管体系，提高外卖食品的准入门槛

民以食为天，食品安全问题是关乎民生的重要话题，政府部门要进一步完善监管体系，定期进行质检和抽检，严格把控食品的质量关。随着互联网的发展，人们的生活节奏加快，外卖食品成为新时代年轻人的首要选择，但是外卖食品的质量难以保证，经常发生外卖食品安全事件。政府部门要严格监管食品外卖平台，对平台的商家进行定期的检查和质检，以保证消费者的权益。

有受访者提出："针对食品安全问题，一方面需要政府的制度把控，监管一定要做到位；另一方面需要借助相关平台的力量，一些大的食品外卖主流平台要起到一定的监管作用。"

有受访者提出："像一些大的食品外卖平台都要求商家必须有实体店，只不过有些外卖食物是找了一些比较小的餐饮店去做。"

杨先生认为："食品质量问题的处理渠道不完善就完善处理渠道或者增加

---

① 陈思宇. 新形势下北京城市公共安全现状及对策研究[J]. 智能城市，2019，5(8)：50-51.

处理渠道。”

周先生认为：“政府部门要严格规范食品生产，北京市当地要制定一些条款条例，根据相关法律惩罚一些店家的违法行为。我见过更多的是政府会去看食品生产者是否按照相关食品安全法律法规去生产运营，所生产或售卖的食品有没有危害公众的身体健康和生命安全。”

（四）合理规划城市交通，助推城市交通文明

部分居民有时无奈地戏称北京市的交通状况为“首堵”，北京市改变交通现状已刻不容缓。政府一是要合理规划城市交通路线，特别是在早晚上下班高峰期，要进行交通的合理调度，完善地铁、公交车等公共交通建设，推行绿色出行方式；二是要加强对共享单车以及其他非机动车的管理，减少交通安全事件的发生；三是要科学配备交警数量，加大对违反交通法规行为的处罚力度。

周先生认为：“还是应该加大违反交通法规的处罚力度。我看中关村就有相关城市监控，路人如果闯红灯的话都会被拍下来，然后进行处罚。另外，长途汽车站、客运码头、大型工厂这些都较容易引发比较严重的交通事故。所以在城市总体布局时，要科学设置这些场所的位置。我觉得应该合理规划城市交通运营路线和运营时间，现在很多地方实行的是单向通道，政府应充分利用现有通道，提高道路通行能力和车辆行车速度。”

任先生认为：“针对北京市交通拥堵问题，我觉得车辆限号是一个有效措施。另外，北京市常住人口多，且流动人口也比较多，如果能够控制一下外来人口的数量，减少人流量，交通也会有很大改善。”

（五）完善信息保护机制，保护居民合法权益

信息越来越开放，联系越来越紧密，要解决城市信息化建设中所遇到的各种信息安全难题，政府必须主动出击，建设更加符合时代的安全技术体系①。政府一方面需要将网络安全、数据安全、内外安全综合起来，构建全方位的信息安全架构管理制度；另一方面需要完善信息保护机制，增加网警数量，加大对信息诈骗等行为的处罚力度。

谢女士认为：“我觉得现在信息泄露的途径一般是网络，所以需要加强网络管理。我去银行或者去酒店办理入住的时候，会录入个人信息，此时，我会担心

---

① 金志威.城市信息安全架构的研究[J].计算机产品与流通，2018(2)：161-162.

他们是否会把我的信息用到其他方面。一旦稍不注意个人信息就会被泄露，就会有各种的中介打来电话，询问需不需要买这买那，办这办那。所以，为了避免出现这种情况，大家尽量少去泄露自己的信息。现在好多设备和程序都会有号码保护功能，大家使用号码保护功能，能在一定程度减少信息泄露。”

周先生提出：“我觉得在信息安全方面，政府应该多设置几道安全防线。最外层一道安全防线，应由政府从管理体制、组织体系方面，对相应的安全管理体制和技术安全措施进行针对性的预防，为业务运行打下良好的基础。中层第二道安全防线应由技术体系和运维体系所构成。最里层第三道安全防线应由技术体系构成事后控制，针对重要的信息建立起灾备系统。一旦出现问题，第三道安全防线要快速响应，将损失降到最低程度。”

（六）提高医疗水平，完善城市社会保障机制

北京市拥有中国较好的医疗资源，来北京市看病的外地人口较多，这在某种程度上也造成了许多问题。因此，政府一方面要合理配置医疗资源，促进医疗资源的均等化，加强医院之间的合作，促进资源共享；另一方面要扩大医疗保险的种类，增加重大疾病险以及某些特殊疾病的保险，解决居民的看病问题。

张女士认为：“我觉得现在的社会保障就挺好了，医疗保险也改善得比较好，现在的保险种类对我来说已经足够了。”

张先生认为：“我觉得针对老人的一些社会保障，政府的支持力度可以再加大一点。”

赵女士认为：“应该设置一个牙科保险，弥补社保在这方面的不足。”

王先生认为：“北京市的外来人口比较多，希望政府在政策上能够有所倾斜，外来人口能够享受和北京市人口尽可能一样的政策待遇。”

长春篇

访谈时间：2019 年 7 月 11 日—7 月 13 日

访谈地点：朝阳区、绿园区、南关区、二道区

访谈人员：王颜

一、调查背景

调查背景包含对目标城市长春市的城市介绍、访谈概况和受访者基本信息。城市介绍部分对城市概况进行描述，方便读者对该城市有一个直观印象；访谈概况部分对本次访谈做了介绍，包括实施访谈的背景、时间、地点、目标等；受访者基本信息部分对本次访谈的所有受访者身份信息进行了梳理，包括受访者性别、年龄、职业等，使得受访者情况一目了然。

（一）长春市介绍

长春市地处我国东北地区中部、京哈与珲乌两条交通线交会处，是吉林省的政治、经济、文化中心，西北与松原市毗邻，西南和四平市相连，东南与吉林市相依，东北同黑龙江省接壤。长春市位于北纬 43°05′～45°15′，东经 124°18′～127°05′，居北半球中纬度北温带，主要地貌类型为低山丘陵。长春市属温带大陆性半湿润季风气候，春季大风天气多，夏季东南风盛行，秋季可形成持续数日晴朗且温暖的天气、温差较大、风速较春季小，冬季天气晴朗、干燥、风力微弱。长春市辖 7 个区、3 个县级市、1 个县，并代管 1 个国家级新区。①

（二）访谈概况

习近平总书记指出："公共安全建设对于构建和谐社会，推动全面小康建

① 来源于长春市人民政府网站。

设，乃至于中华民族的伟大复兴都具有非常现实和深远的意义。"城市公共安全是城市经济发展与社会进步的前提条件，是全社会共同关注的热点问题。近年来，我国城市公共安全事件频发，城市公共安全管理面临前所未有的严峻挑战。中国矿业大学基于"中国城市公共安全管理智库"这一平台，对我国部分城市公共安全状况进行了访谈。此次对长春市的访谈，时间为 2019 年 7 月 11 日至 2019 年 7 月 13 日，地点为朝阳区、绿园区、南关区、二道区。访谈采用深度访谈的形式，挖掘城市居民对于城市各类公共安全的感受，为城市公共安全领域的后续研究提供第一手资料。

（三）受访者基本信息

在受访群体的选择上，尽量考虑到不同性别、不同年龄和不同职业的长春市居民，且选取在长春市居住两年以上的访谈对象，这使其观点更具有可信性。总体来看，受访样本兼顾了年龄、性别、职业等的分布合理性。

在受访的 20 名居民中，从性别上看，男性受访者 10 人，女性受访者 10 人。从年龄分布上看，20～30 岁的受访者 6 人，31～40 岁的受访者 5 人，41～50 岁的受访者 2 人，51～60 岁的受访者 2 人，60 岁以上的受访者 5 人。此次受访者涉及各个年龄层，可以了解到不同年龄层的人对长春市城市公共安全方面的不同见解。从职业分布上看，有学生、退休人员、公司员工、个体经营者等，职业范围比较广泛，兼顾了不同职业背景者对于城市公共安全问题的感受。

二、长春市城市公共安全评价

城市公共安全评价反映的是城市居民对整个城市环境的安全感知情况，关系到政府角色、公共政策、行政管理行为、人民生活、社会稳定等多个层面。本次访谈从更加全面的角度编制了城市居民公共安全状况访谈提纲，通过了解长春市居民的城市公共安全状况，呈现出长春市的城市公共安全现状、面临的挑战以及存在的问题，为长春市政府的城市公共安全治理提供一些建设性的建议。

（一）长春市城市公共安全整体评价

城市公共安全评价是城市居民对一个城市公共安全状况的主观衡量。本次访谈通过受访者对自然安全、生态安全、公共场所设施安全、食品安全、公共卫生安全、交通安全、社会治安安全、社会保障安全、信息安全等 9 个方面的评价，得出受访者对长春市城市公共安全状况最满意和最不满意的若干方面，从而揭示长春市城市公共安全存在的显性和隐性问题，并为长春市政府的公共治理提供相关建议。

1. 令人满意的长春市城市公共安全状况

当谈及比较满意的城市公共安全状况时，令受访者满意的城市公共安全状况前 3 位分别是自然安全、生态安全和社会治安安全。在 20 位受访者中，有 15 位受访者对长春市的自然安全感到满意，有 14 位受访者对长春市的生态安全感到满意，有 13 位受访者对长春市的社会治安安全感到满意。受访者的满意度反映出其对长春市政府在自然、生态、社会治安等方面公共治理的认可。令人满意的长春市城市公共安全状况，见图 1。

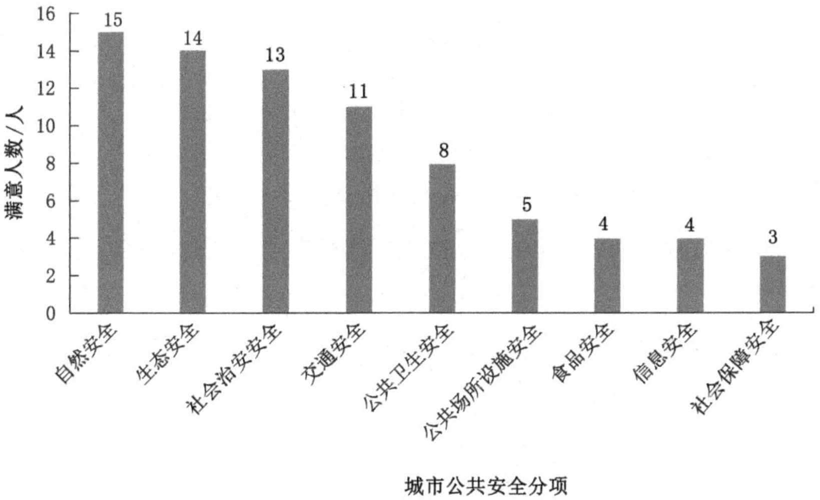

图 1　令人满意的长春市城市公共安全状况

2. 令人不满意的长春市城市公共安全状况

在本次访谈过程中，受访者除了对自然安全、生态安全、社会治安安全等方面比较满意外，对其他方面的城市公共安全满意度还有待提高。根据访谈结果，令受访者不满意的城市公共安全状况前 3 位分别是食品安全、交通安全和社会保障安全。在 20 位受访者中，有 14 位受访者对长春市的食品安全感到不满意，有 13 位受访者对长春市的交通安全感到不满意，有 12 位受访者对长春市的社会保障安全感到不满意。受访者的不满意度反映出长春市政府在食品、交通、社会保障等方面的公共治理还有待加强。令人不满意的长春市城市公共安全状况，见图 2。

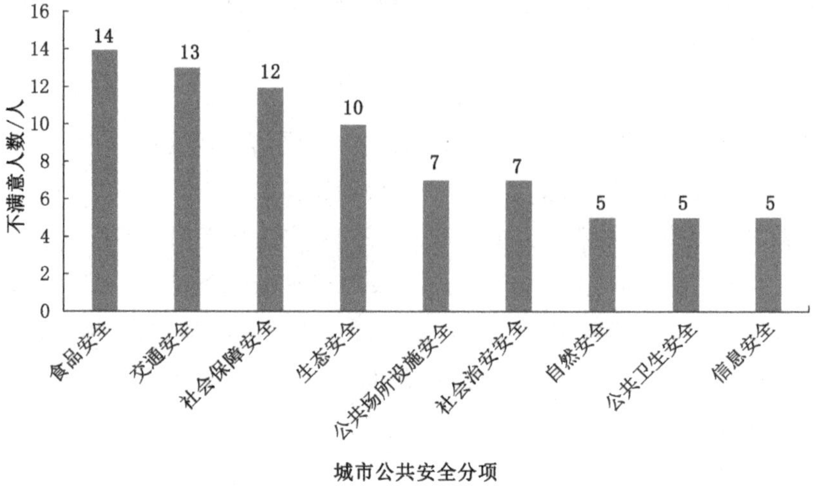

图 2　令人不满意的长春市城市公共安全状况

（二）长春市城市公共安全分项评价高的原因

自然安全方面，长春市地处松辽平原，地势较为平坦，自然灾害少有发生。生态安全方面，政府加大了对空气污染以及水污染治理力度，取得了良好效果。社会治安安全方面，长春市各个小区均安装了监控设备，有效避免了抢劫、打架斗殴等事件的发生；长春市各个街道都有警车巡逻，24 小时轮班，当发生不安全事件的时候，警察能够及时赶到现场。

1. 地理位置优越，自然灾害稀少

长春市地处松辽平原，西北与松原市毗邻，西南和四平市相连，东南与吉林市相依，东北同黑龙江省接壤，是东北地区天然地理中心。长春市主要地貌类型为低山丘陵，地质构造相对稳定，很少发生地震。此外，政府还积极采取了各种自然灾害防范治理措施，有效地减轻或避免了自然灾害造成的严重后果。受访者普遍表示对长春市的自然安全感到满意。

王女士说："我在长春市生活几十年了。长春市很少会发生地震，市区也基本不会发生洪涝灾害，城市排水设施相对完善，很少积水。另外，长春市远离沿海，基本不受台风影响。"

2. 政府加大污染治理力度，生态环境得到极大改善

近几年，长春市政府对于空气污染以及水污染均进行了治理且治理力度比较大，有效地减少了空气污染和水污染。2019 年 5 月 1 日，《长春市生活垃圾分

类管理条例》开始施行,明确了生活垃圾分类的方法,并实行生活垃圾分类投放管理责任人制度,居民日常的生活环境得到了极大改善。受访者对长春市的生态安全比较满意。

李先生说:“长春市这几年的空气质量都不错,市区内没有大型污染工厂,工厂一般都在城乡接合部,且政府对工厂的排放标准有严格限制。”

刘先生说:“长春市政府利用无人机等高科技手段,对河流进行采样监测,对重点污染源、入河排污口等区域集中研判,定期通报治理进展和水质状况。我对长春市的生态安全方面比较满意。”

3. 警力投入促进社会治安改善,居民安全感倍增

近年来,长春市的社会治安状况得到了很大的改善,特别是在盗窃问题方面。警力投入明显增加,在一些商圈会有巡逻队不定时巡逻,在社区,民警会开巡逻车定时定点巡逻,小偷越来越少,整体社会治安都在好转。受访者对长春市的社会治安安全普遍持乐观的态度。

刘女士表示:“我感觉长春市的社会治安越来越好了,前几年还有偷盗事件的发生,现在很少听说了,政府对社会治安犯罪案件的打击力度很大。”

(三)长春市城市公共安全分项评价低的原因

食品安全方面,受访者主要担心地沟油、食品添加剂超标、农药残留超标等问题。交通安全方面,私家车数量增多,造成路面拥堵,交通事故越来越多。社会保障安全方面,养老问题、看病问题等是受访者比较担心的问题。

1. 地沟油、农药残留超标等问题,引发居民担忧

民以食为天,如果食品安全无法保证,居民的公共安全感就会降低。当问及是否担心食品安全问题时,绝大多数受访者的回答是肯定的。受访者主要担心地沟油、食品添加剂超标、农药残留超标等问题。近些年,个别商人为了牟取暴利,采取不正当手段进行食品生产,社会上食品安全事件时有发生,给居民带来了伤害,使居民较为担心。

雷女士说:“现在在外面吃饭,比较担心地沟油问题,在家做饭,去菜市场买菜,又会担心蔬菜上面农药残留是否超标。总之,食品安全问题,我非常担忧。”

2. 居民驾驶规范性不足,交通堵塞严重

当问及是否担心交通安全问题时,绝大多数受访者的回答是肯定的。不少受访者表示,长春市一到早高峰晚高峰的时候,堵车现象比较严重,而且司机开

车超速现象较常见。另外,长春市政府交通管理制度不够完善,个别红绿灯设置不够合理,这些都极大地影响了居民的交通安全感。

有受访者说:"长春市市内经常会发生交通堵塞,司机开车超速现象比较常见,马路上经常看到行人闯红灯。另外,长春市个别路段的信号灯设置,我感觉也有问题,没有倒计时显示。"

3. 经济发展较慢,社会保障滞后

当问及是否担心社会保障安全问题时,受访者表示,长春市工资水平较低,但消费水平并不低。不少老年受访者表示对退休金不满意,仅能维持日常基本开销,加上医疗保险制度不是很完善,报销比例不大。

王女士说:"我现在退休金每个月 2 000 元左右,只够日常生活,医疗开支负担较重。希望政府能继续完善养老保障制度。"

三、提升长春市城市公共安全的有关建议

城市公共安全治理任重道远,政府肩负着主要责任。政府作为城市公共安全治理的主体,不仅是城市公共安全治理的直接推动者,同时也是政策的制定者和实施者。另外,城市公共安全治理政策创新要充分尊重人民群众的主体地位,发挥人民群众物质和精神财富创造者的优势,不断探索体现人民群众意志的治理路径。长春市受访者从自身实际和生活体验出发,表达了自己对于城市公共安全各分项满意和不满意的观点及原因,并积极为解决现存城市公共安全问题建言献策。

(一)加强公共安全宣传,提高居民参与意识

政府相关部门应做好公共安全知识的宣传工作,增强居民参与意识。政府开展公共安全宣传教育活动可以增强居民对公共安全问题的认知,增加他们对潜在风险和突发事件的警觉性,使他们更加关注自身安全和社会安全。从受访者的反馈来看,虽然社区、学校以及工作单位组织过类似公共安全知识宣传教育的活动,但实际效果并不佳。因此政府可以寻求创新性的宣传方式,使得公共安全宣传教育获得实际效果。

李先生认为:"针对垃圾分类,最主要的还是要依靠政府宣传,要让居民自己意识到垃圾分类对环境保护的重要性。"

武先生表示:"政府在宣传公共安全方面的知识时,一定要注意宣传的方

式、方法,跟上时代发展的步伐,多借助抖音、快手等新型媒介。"

(二)强化政府全流程监管,切实维护居民权益

政府应构建全流程的监管体系,确保监管不留漏洞。例如,针对食品安全问题的监管,从食品的生产、加工到销售环节,政府均应进行定期的监督检查。一旦发生食品安全问题,政府监管部门要立即展开调查、追溯食品来源、召回不合格食品并对相关责任方进行处罚。同时,要加强食品安全事件的后期跟踪,保证问题彻底解决并采取预防措施以避免类似事件再次发生。

孙女士表示:"针对食品安全问题,政府应出台措施,加大监管力度。除了日常的常规性监督检查外,还要有不定期的监督检查。"

武先生说:"政府这几年对地沟油查得比较严格,我认为非常好。食品安全问题的解决,最主要还是需要依靠政府监管。"

(三)加强立法,加大违法行为处罚力度

在影响居民身心健康以及财产安全的问题上,政府应加强立法,完善法律法规,加大惩罚力度。例如,针对信息安全问题,政府应尽快建立健全信息保护的相关法律;针对疫苗安全问题,政府应加大对此类违法行为的处罚力度。此外,政府还应建立和完善突发公共事件的信息共享和发布机制,及时准确地发布事件信息、应对措施,保障居民的知情权。

有受访者说:"我觉得信息安全方面,相关的法律法规还需继续完善,让犯罪分子无法律漏洞可钻。同时,每个人也都应该提升个人信息保护的意识。"

刘女士说:"针对问题疫苗事件,政府必须严厉打击、严厉制止。这关系到中国下一代的健康,不能有任何侥幸心理。"

(四)完善养老和住房保障制度,提升居民幸福感

一方面,政府应进一步完善养老保险制度,确保老年人能够享有基本的养老保障,满足他们的基本生活需求,保障他们的身心健康和安全。另一方面,政府要建立健全住房保障制度,提供稳定的住房供给,确保居民的居住安全和稳定。养老和住房等社会保障政策的完善和落实,能够提升居民的公共安全感,使居民在面临养老和住房方面的风险时,获得相应的保障和支持,增强他们的安全感。

做建材生意的孟先生谈到社会保障问题时,表示:"在养老保障方面,政府

应多出台一些实质性的举措。例如，完善社区养老制度，鼓励居民互助养老等。”

企业职工樊先生谈到住房问题时，认为：“现在房价太高了，普通打工者买房比较困难。政府应该加强保障性住房建设和管理，满足居民生活基本需求。”

长 沙 篇

访谈时间：2019 年 7 月 9 日—7 月 12 日

访谈地点：开福区、岳麓区、芙蓉区、天心区、雨花区

访谈人员：赵雅琼

一、调查背景

调查背景部分包含了对目标城市长沙市的介绍、访谈概况和受访者基本信息。城市介绍部分对长沙市的现状做了一定描述，便于读者对该城市有一个全方位多领域的认识；访谈概况部分对本次访谈做了介绍，包括实施访谈的背景、时间、地点、目标等；受访者基本信息部分依据抽样调查的要求，选取了不同地区、不同年龄阶段、不同性别的访谈者，对他们的基本信息进行梳理，得到了第三部分受访者基本信息。受访者基本信息是城市公共安全相关研究的基础，包括受访者构成比例和身份信息等基本数据。

（一）长沙市介绍

长沙市为湖南省省会，是长江中游地区重要的中心城市，全国“两型社会”（资源节约型社会和环境友好型社会）综合配套改革试验区、中国重要的粮食生产基地，也是长江中游城市群和长江经济带重要的节点城市。长沙市东邻江西省宜春市、萍乡市，西连娄底市、益阳市，南接株洲市、湘潭市，北靠岳阳市，是综合交通枢纽，京广高铁、沪昆高铁、渝厦高铁在此交汇。长沙市地貌类型多样，地表水系发达，气候温和，四季分明，湘江穿城而过。长沙市总面积 11 819 平方千米，下辖 6 个区、1 个县、代管 2 个县级市。[①]

① 来源于长沙市人民政府网站。

（二）访谈概况

城市公共安全评价反映的是城市居民对整个城市环境的安全感知程度，关系政府角色、公共政策、行政管理行为、人民生活、社会稳定等多个层面。城市公共安全评价作为城市公共安全的“晴雨表”，了解和提高居民的心理安全水平不仅是各个地方政府的职责所在，同时也是推动社会社区建设、构建稳定社会生活的重要步骤。本次访谈从2019年7月9日始至2019年7月12日止，访谈地点为长沙市的开福区、岳麓区、芙蓉区、天心区、雨花区等5个区。访谈采用深度访谈的形式，挖掘城市居民对于城市公共安全的感受，分析了城市公共安全存在的显性与隐性问题，为我国城市公共安全发展建设提供了基础数据资料与借鉴方向。

（三）受访者基本信息

对于受访者的选取，本次访谈遵循抽样调查的原则，选择了不同性别、不同年龄、不同职业以及不同区域的长沙市城市居民，且受访者作为当地居民要在长沙市至少居住半年时间，从而保证受访者的信息能够真实有效地反映长沙市的城市状况。总体来看，受访样本的构成兼具了年龄、性别、职业、地域等的分布合理性、客观性与真实可信性。

在受访的20名长沙市居民中，从性别上看，男性受访者10人，女性受访者10人，受访者在性别比例上达到了平衡。从年龄分布上看，18～29岁的12人，30～44岁的5人，45岁以上的3人。从数量与比例情况来看，此次访谈中青年群体是访谈的主要对象，他们对于公共事务有较高的热情与参与度。中青年群体是社会发展的中坚力量，他们在广泛投身社会建设的过程中，注重对国家事务的参与，积极为国家制度与政策完善建言献策。从职业分布上看，有在读本科生、在读研究生、基层社区工作者、个体经营者以及公司工作人员等，职业范围比较广泛，兼顾了不同职业背景的人群对于城市公共安全各个方面的感受。

二、长沙市城市公共安全评价

城市化进程的加快一方面为城市居民带来了便利的生活环境与生活条件，另一方面也不可避免地为城市发展带来一定的风险。这些风险与挑战来自社会生活的各个方面，为了更好地了解各个城市的安全状况，最直接的方式在于对城市主体——居民的访谈，而居民对于生活的感知与认识也将公共安全问题从表面的安全现象描摹变为了群体认知安全感的测量。

本次访谈通过了解长沙市居民的城市公共安全评价，呈现出长沙市的城市公共安全现状、面临的挑战以及存在的问题，为长沙市政府的公共治理提供一些建设性的意见和建议。访谈发现，从某种层面上来说，如果一个城市的居民公共安全感越强，那么就意味着居民对城市公共安全的评价越高；反之，如果一个城市的居民公共安全感越低，那么就意味着居民对城市公共安全的评价越低。

（一）长沙市城市公共安全整体评价

随着城市化的不断推进，城市公共安全逐渐成为一个复合性问题，涵盖的内容与范围不断延展。面对日益复杂的城市公共安全问题，对城市公共安全问题研究的涉及面也逐渐扩展。因此想要全面反映城市公共安全问题仅仅用一两个指标远远不够，需要采用一套多角度、多要素、综合性的测量指标与方法。本次访谈通过受访者对自然安全、生态安全、公共场所设施安全、食品安全、公共卫生安全、交通安全、社会治安安全、社会保障安全、信息安全等9个方面的评价，得出受访者对长沙市城市公共安全状况最满意和最不满意的若干方面。本次访谈对长沙市整体的安全状况做到了全方位多领域的呈现，有助于摸清长沙市城市公共安全整体状况，为增强居民的安全责任感，完善政府治理发挥了一定的作用。

1. 令人满意的长沙市城市公共安全状况

通过对访谈资料的归纳总结，得到了20位受访者对长沙市城市公共安全9个方面的满意度。令人满意的长沙市城市公共安全状况，见图1。从图1可知，令受访者满意的城市公共安全状况，取满意人数的前3个数值，即19人、16人、

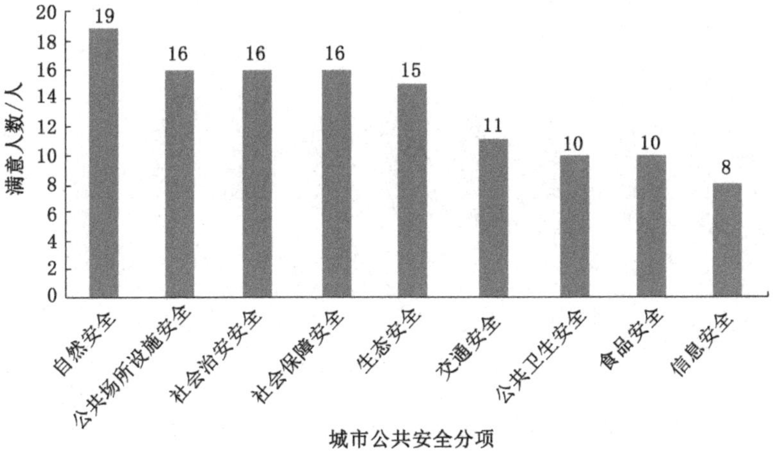

图1　令人满意的长沙市城市公共安全状况

15 人,分别是自然安全、公共场所设施安全、社会治安安全、社会保障安全和生态安全。其中,公共场所设施安全、社会治安安全和社会保障安全的满意度呈现相同水平。在 20 位受访者中,19 位受访者对长沙市的自然安全感到满意,分别有 16 位受访者对长沙市的公共场所设施安全、社会治安安全和社会保障安全感到满意,有 15 位受访者对长沙市的生态安全感到满意。

受访者的满意状况反映出长沙市政府在自然安全、公共场所设施安全、社会治安安全、社会保障安全和生态安全等方面的政策与作为较为成功,得到了长沙市居民的认可。

2. 令人不满意的长沙市城市公共安全状况

令人不满意的长沙市城市公共安全状况,见图 2。从图 2 可知,令受访者不满意的城市公共安全状况,取不满意人数的前 3 个数值,即 12 人、10 人、9 人,分别是信息安全、食品安全、公共卫生安全以及交通安全等 4 个方面。其中,食品安全与公共卫生安全的不满意程度相当,并列为受访者较为担忧的第二大城市公共安全。在 20 位受访者中,有 12 位受访者对信息安全感到不满意,分别有 10 位受访者对食品安全和公共卫生安全感到不满意,有 9 位受访者对交通安全感到不满意。受访者对长沙市城市公共安全的不满意集中表现在信息安全、食品安全、公共卫生安全以及交通安全等方面,这反映出长沙市政府在这些领域的公共安全治理尚未获得居民充分认可。

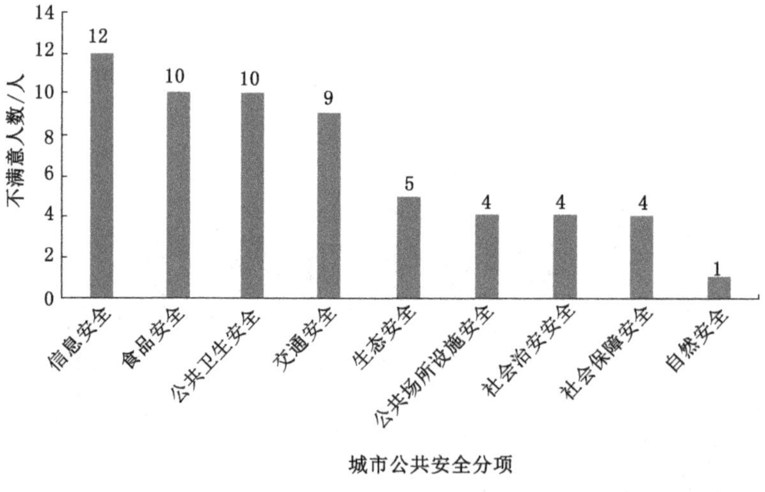

图 2　令人不满意的长沙市城市公共安全状况

（二）长沙市城市公共安全分项评价高的原因

在自然安全层面，受访者表示，长沙市属亚热带季风气候，气候温和，降水充沛，雨热同期，四季分明。长沙市虽然经常降水，但政府的防灾宣传以及预警做得比较到位，也会有相应的应急管理教育。此外，长沙市市内的排水设施建设也综合考虑了长沙市的降水特点，因而自然灾害给居民带来的影响并不大。在公共场所设施安全层面，长沙市政府对于市政设施进行了大量投入，政府对于设备的检修以及维护都较为及时迅速，满足了居民的需要。此外，对于煤气等设备的实时监控，也以数字化形式保障了居民的安全。在社会治安安全层面，长沙市在重点路段实施夜间巡逻制度，同时街道以及小区都安装相应的监控设施，整体来看，社会治安状况较好。在社会保障安全层面，长沙市政府鼓励社会力量参与公共服务，发挥社会组织、社工机构在公益慈善活动中的积极作用，满足社会多样化需求。同时，扩大社保覆盖面较广，最大限度满足居民日常需求。另外，生态安全实则排名第5位，在此不做评价高的原因分析。

1. 自然灾害较少，应急预测及时

在自然安全层面，长沙市气候温和，在雨期的时候会有较多的降水，但极少有强对流的天气以及破坏力强的台风。同时，长沙市的城市排水设施较为完备且规划合理，长沙市在降水频繁时极少发生内涝。

此外，长沙市的自然灾害应急系统较为完备，灾害预防与灾害应对措施齐全。例如，在灾害发生前会有应急避难演练及相关的宣传教育；在灾害发生时会及时开展防汛救灾工作。

刘先生表示："长沙市在自然安全方面还是比较令人满意的。长沙市极少有地震、台风等破坏力很强的灾害，城市的排水防涝设施也比较好。另外，政府对于防涝有准备措施，比如社区里的巡逻员和志愿者会及时告知居民一些预防洪水的安全措施。"

受访者陈女士表示："长沙市政府对于自然灾害的预防与应急措施宣传比较到位，在自然灾害发生时，会告诉我们怎么去避难。例如，一旦发生地震，我们知道应该怎么去寻找一个安全点。"

2. 公共场所设施完备，数字化监控平台科学守护

在公共场所设施安全层面，一方面，长沙市政府投入了大量的资金，配置路灯、下水道、窨井盖等基础设施，满足了居民的日常需要，同时，对于这些基础设施的检修与维护也较为及时。另一方面，长沙市部分小区建立了数字化监控平

台，能够实时监控居民家里燃气等设备，以数字化形式有力保障了居民的安全。居民对此种新型的监控方式十分满意，并认为科技改善了大家的生活。

刘先生表示："我对长沙市的公共场所设施很满意，市内窨井盖、高压线能满足需求，故障很少。燃气管道政府会定期检修，个人有检修需求的话，一般两个小时就会有专人到达。居民日常生活中也能看到火灾防范等方面的宣传片。"

王女士介绍了数字化的燃气监测："公共设施的盲点几乎没有，像燃气这些设施的安全都还好。现在燃气都有远程监控，如果有漏气等情况出现，维修人员会及时上门维修。有时候我并不知道燃气发生了微漏，但是工作人员会给我打电话告知。另外，日常性的检查每年也大概会有4次以上。"

3. 警卫巡逻，监控设施实时守护

在社会治安安全层面，长沙市实现了警卫力量与科技力量的结合，双重保障实时观测，守卫居民的安全。一方面，借助小区保安的巡逻力量能够基本满足日常的治安需要，居民表示晚上敢于独自出行，群体性事件也很少发生。另一方面，借助现代的互联网与监控设施进一步保障了居民的安全。例如，生活社区普遍装有摄像头，发生盗窃等案件时能够及时与公安系统实现联网，方便随时查看，寻找嫌疑者，这对居民的财产安全形成了一定保障作用。

在谈及社会治安安全问题时周先生表示："现在长沙市治安非常好，居住的地方警察经常去巡逻，我们经常可以看到巡逻车。我在长沙市没碰到过偷抢事件，生活的社区摄像头也很多。如果碰到偷抢事件，肯定可以找到嫌疑人，我了解过相关监控系统是联网的。"

有受访者表示："长沙市社会治安安全方面很好，夜间出行几乎没有碰到过治安方面的问题。警察对于各类事件都能很好地处理。另外，在长沙市街上没看到偷抢事件，长沙市市内也有很多监控。"

4. 救助多元，社保全面覆盖

在社会保障安全层面，长沙市的社会保障不单单依靠政府的力量，一些社会组织参与其中，受访者反映身边有人接受过社会组织的相关救助。此外，长沙市政府的社保工作做得也十分到位，保险的覆盖面足够广泛。对于刚刚毕业的大学生来说，完善的社会保障能够给他们一定的生活信心，而且在长沙市找工作并不算难事，工资也能满足基本生活需要。

张先生表示："长沙市社会保障安全做得挺好的，很多方面都可以覆盖到，身边也有人参与或者接受过社会组织的救助。”

陈先生说：“社会保障安全方面，我觉得现在学校提供的保障已经足够了。另外，在长沙找工作不是很困难，工资也还可以，所以我对社会保障安全比较满意。”

晏先生认为：“长沙市就业机会较多，但还是需要毕业生认清自己的发展方向，政府平时也会进行就业信息的宣传。”

已经工作的一位长沙市居民认为：“社会保障安全方面，我感觉还行，社会保险的覆盖面足够广泛。另外，长沙市的工资水平居中，还可以。”

（三）长沙市城市公共安全分项评价低的原因

受访者对城市公共安全不满意的地方主要集中在信息安全、食品安全、公共卫生安全以及交通安全等四个方面。对于这四类的公共安全问题，政府的公共治理还应当有所加强。受访者对这四类城市公共安全的不满意原因主要有：在信息安全方面，骚扰电话泛滥，电话网络诈骗时有发生，居民信息被泄露且渠道无法得知。在食品安全方面，一直以来，食品安全是居民普遍关注的问题，地沟油、食品添加剂超标等反复出现在食品中。在公共卫生安全方面，受长春长生疫苗事件的影响，家长普遍对疫苗以及各种医疗卫生持一定的怀疑态度。此外，居民对于抗生素滥用的担忧也一直存在。在交通安全方面，上下班高峰期和旅游旺季，交通拥堵较为严重。

1. 个人信息泄露，骚扰电话泛滥

在信息安全领域，互联网时代下，个人的信息与隐私保护成为一个难题。特别是如今快递行业以及外卖行业的兴起，个人信息被轻易地暴露在公共环境之中。受访者反映个人信息被泄露，且对于个人信息泄露的渠道也一无所知。

有受访者表示：“每天都会收到各类推销电话及短信。个人信息是如何被泄露的并不知道。政府部门应加强对个人信息的保护，也应加强对相关获知个人信息平台的监管。”

2. 食材无保障，添加剂超标问题反复

在食品安全领域，一是食材问题，许多受访者对于食材的新鲜程度以及残留农药超标问题表示质疑。此外受访者还特别提到了转基因食品的安全性问题，他们普遍担心转基因食品不够安全。二是地沟油、食品添加剂超标等问题，长期以来，这些问题一直屡禁不止，让居民难以放心。此外不干净的外部就餐环境，以及食品制作的不透明性也是居民对食品安全产生怀疑与不满的主要原因。

有受访者表示："虽然转基因食品已经非常普遍了，但是我对转基因食品还是有顾虑的。此外，我会担心自己买的菜是否新鲜，农药残留是否超标。"

杨先生在提及食品安全问题时表示："要想避免一些食品安全事件的发生，就需要加大处罚力度。例如，地沟油事件经常发生，我认为一方面在于地沟油很难辨别，且处理难度大，另一方面还在于对地沟油事件的责任者处罚力度不够。"

3. 疫苗安全存疑，抗生素泛滥堪忧

在公共卫生安全领域，受访者关注的是疫苗安全以及抗生素的使用问题。受访者表示，在长春长生疫苗事件爆发后，大部分孩子的家长会担忧疫苗的安全问题，并对疫苗质量与安全存疑。在抗生素使用方面，受访者也逐渐认识到抗生素滥用的严重后果，并对抗生素过分使用表示担忧。这两方面问题是长沙市居民对于公共卫生不满意的主要原因。

李女士说："长春长生疫苗事件发生后，影响非常恶劣，国家也非常重视。所以即使是在长沙市，我们也十分关注疫苗安全问题。另外，在抗生素的使用方面，我也挺担心的，主要是担心自己在看病时，被过度使用抗生素治疗。"

4. 违章普遍，道路拥堵未改善

在交通安全领域，居民最不满意的便是道路的拥堵问题。上下班高峰期以及旅游季节，长沙市道路拥堵较为严重，这会直接影响居民对城市交通安全的满意度。此外，居民闯红灯、不走人行横道等违反交通规则的事件也时有发生。另外，一些机动车司机甚至是非机动车的司机开车速度较快，十分危险，这也是居民对交通安全不满意的原因之一。

一位长沙市的在读大学生表示："长沙市的上下班高峰期，道路比较拥堵，地铁上同样如此。车辆超载几乎没有怎么碰到过，但是超速肯定会有。"

一位受访者表示："长沙市的市内交通一到旅游旺季会十分拥挤，道路上也会有违章行为的发生，比如行人不走人行横道等。另外，长沙市道路上电动车也较多，违章行驶，比较危险。"

三、提升长沙市城市公共安全的有关建议

安全发展是城市现代化文明的主要标志。公众对城市公共安全的需求成为当前城市建设和发展的重要话题。城市公共安全的建设与完善是城市现代

化建设的重要部分，也是政府与公众的共同使命。长沙市受访者从现实生活出发，结合自身的生活体验，积极表达了对整个城市公共安全的各类看法，并为解决各项问题提出了自己的见解，对于解决长沙市城市公共安全问题有着重要意义。

（一）政策入基层，从社区做起

基层社区是政策实施的最后一公里，保证政策的最终落地，必须要能深入基层，进入社区。任何领域的政策与措施如果没有办法进入与居民最接近的社区，都有可能出现偏差，城市公共安全的政策也是一样。所以，实施城市公共安全政策要从基层开始，与社区的居委会以及工作人员合作，共同致力于城市公共安全问题的解决。特别像食品安全问题，由社区组织人员进行抽查与检验，某种程度上能更加有效地起到管理与监督作用。

王女士在访谈中强调了基层社区在食品安全监管中的作用："政府对食品安全问题的监管长则半个月或一个月，但是这半个月或一个月过后，那些不法小摊小贩私下还是会违法操作，要长期有效监管离不开社区的作用。"

（二）宣传进家里，从孩童做起

许多受访者提出，希望加强城市公共安全知识的宣传与教育，特别是针对一些应急救援以及逃生知识的科普与宣传。这类宣传不仅仅是传统意义上张贴宣传标语和海报，而是需要政府工作人员深入每一户家庭，以家庭为单位进行宣传。此外，有受访者表示，可以充分发挥孩子的带动作用，通过学校对孩子的教育，来加强对父母相关知识的培训宣传。

李先生指出："在不同地方要采用不同类型的宣传方式，比如有些人出行选择坐公共交通工具，那么政府就有必要从公共交通工具上入手，在公交车以及地铁移动视屏上做宣传。对于那些出行不太多的居民，可以采取网上宣传的形式。而对于老人，则最好采取入户宣传的方式。"

陈女士在推广垃圾分类时指出："有时候孩子对父母的影响很大，比如老师布置了一个垃圾分类的作业，要求孩子和爸爸妈妈一起完成。此时，父母就要去了解垃圾分类的知识，无形中也起到了对父母进行宣传的效果。"

（三）构建疫苗追溯链，学会辨别抗生素

对于公众普遍担心的疫苗问题，有受访者建议应当构建疫苗的可追溯链，在每支疫苗上配备二维码，扫描二维码可以查询疫苗制作流程。面对抗生素泛

滥的问题，有受访者指出，应该学会一些基本的医药知识，辨别一些常见的抗生素，在医生开抗生素的时候，可以有意识地拒绝。

宋女士建议："建立疫苗追溯机制，疫苗生产实现专人生产、专人监督，同时在每支疫苗上面附上一个二维码，公众扫描二维码即可查询疫苗生产流程。"

陈女士指出："抗生素之类的药，有些人不是很懂的话，就会选择听医生的，因为害怕不听医生的话，万一病情恶化，没有办法把控。但如果个人对抗生素的药品有基本的了解，某种程度上就可以判断自己有没有必要选用抗生素。"

王女士指出："对抗生素滥用的担心肯定会有，所以，个人需要具备一些基本常识，清楚什么药物对身体危害比较小，这样当医生给你拿药的时候，你可以选择是否购买此药物。"

（四）构建法律体系，加大监管力度

受访者认为，应该由政府牵头，发挥自身的优势，构建相应的法律体系，在实践中逐步完善食品安全法律法规。同时，对食品安全问题采取"零容忍"的态度，对食品安全问题加大监管与治理力度，防范食品安全事件的发生。

杨先生认为："食品安全的监管力度应该增大，对于食品安全，不能出了问题才落实相关行动，食品安全的监督应该从源头做起。一旦发现问题，立即责令其停产停业。"

有受访者认为："总的来说，我认为在食品安全的问题上政府需要发挥切实的作用。一方面，政府要建立和完善相关法律法规。另一方面，政府要加大监管力度，坚决打击违法犯罪事件。"

贵 阳 篇

INTERVIEW REPORT

访谈时间： 2019 年 7 月 7 日—7 月 11 日

访谈地点： 云岩区、花溪区、观山湖区、白云区、南明区

访谈人员： 辛娅

一、调查背景

调查背景部分包含了对目标城市贵阳市的城市介绍、访谈概况和受访者基本信息。城市介绍部分对贵阳市概况进行描述，便于读者对该城市有一个直观印象；访谈概况部分对本次深度访谈做了介绍，包括访谈时间、地点、目标等；受访者基本信息部分对本次访谈的所有受访者身份信息进行梳理，进而归纳总结出受访者的构成比例和身份信息，使得受访者情况一目了然。

（一）贵阳市介绍

贵阳市简称“筑”，位于贵州省中部，苗岭中段，是贵州省的省会，全省经济中心。贵阳市地处东经 106°7′～107°17′，北纬 26°11′～27°22′，北部和西部分别与遵义市和毕节市接壤，东部及南部与黔南布依族苗族自治州相邻，西南部与安顺市毗连。贵阳市属亚热带（副热带）高原季风湿润气候区，总的气候特点是冬无严寒、夏无酷暑、热量丰富、无霜期较长、雨量充沛、雨热同季、多云日照少、风速较小、相对湿度较大、立体气候较明显。贵阳市总面积 8 043 平方千米。①

（二）访谈概况

随着经济的发展和城市建设速度的加快，现代工业、新技术、信息产业高速发展，安全问题已经延伸到生产、生活的各个领域，我国城市公共安全问题日益

① 来源于贵阳市人民政府网站。

突出。本次访谈时间从2019年7月7日开始，到2019年7月11日结束，总共5天，访谈地点选在了贵阳市的云岩区、花溪区、观山湖区、白云区、南明区等5个区。访谈采用深度访谈的形式，挖掘城市居民对于城市公共安全的感受，为城市公共安全领域的后续研究提供了第一手资料。

（三）受访者基本信息

在访谈群体的选择上，尽量考虑到不同性别、不同年龄和不同职业的贵阳市居民，且选取在贵阳市居住1年以上的访谈对象，使其观点更具有可信性。总体来看，受访者样本兼顾了年龄、性别、职业等的分布合理性。

在受访的20名贵阳市居民中：从性别上看，男性受访者和女性受访者各有10名。从年龄分布上看，20岁以下的有1人，20～30岁的有9人，31～40岁的有4人，40岁以上的有6人。此次随机访谈人群集中在中青年人群，他们是城市建设的主干力量，对城市发展的各个方面体会比较深刻。中青年人群对城市公共安全的感受与体验也更为丰富。从职业分布上看，这些受访者中有学生、公务员、个体经营者、企业工作人员以及退休人员，职业分布范围比较广泛，在一定程度上兼顾了不同职业背景的人群对于城市公共安全问题的感受。

二、贵阳市城市公共安全评价

城市公共安全评价反映的是城市居民对一个城市公共安全治理现状的评价。本次访谈通过了解贵阳市城市居民的公共安全评价，呈现出贵阳市的城市公共安全现状、面临的挑战以及存在的问题，为贵阳市政府的公共治理提供一些建设性的建议。

（一）贵阳市城市公共安全整体评价

城市公共安全评价是城市居民对一个城市公共安全状况的主观衡量。本次访谈通过受访者对自然安全、生态安全、公共场所设施安全、食品安全、公共卫生安全、交通安全、社会治安安全、社会保障安全、信息安全等9个方面的评价，得出受访者对贵阳市城市公共安全状况最满意和最不满意的若干方面，从而发现贵阳市城市公共安全存在的显性和隐性问题，以期为贵阳市政府的公共治理提供相关建议。

1. 令人满意的贵阳市城市公共安全状况

令人满意的贵阳市城市公共安全状况，见图1。由图1可知，令受访者满意的城市公共安全状况前3位分别是生态安全、自然安全和社会治安安全。在20

位受访者中，有 19 位受访者对贵阳市的生态安全感到满意，有 18 位受访者对贵阳市的自然安全感到满意，有 17 位受访者对贵阳市的社会治安安全感到满意。受访者的满意状况反映出其对贵阳市政府在生态、自然、社会治安等方面公共治理的认可。

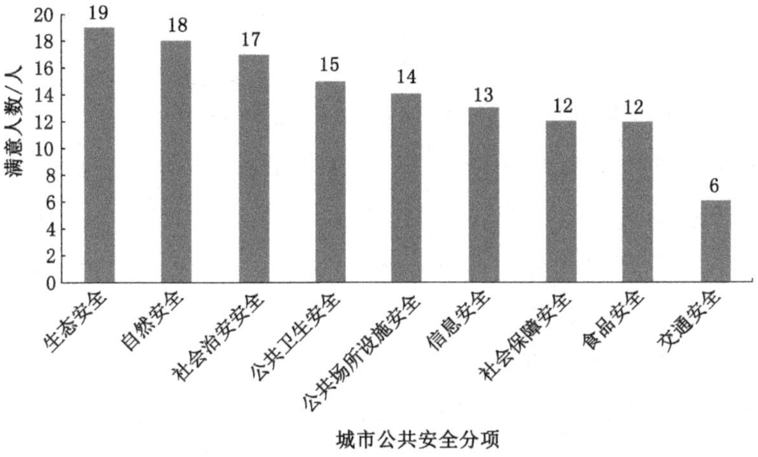

图 1 令人满意的贵阳市城市公共安全状况

2. 令人不满意的贵阳市城市公共安全状况

令人不满意的贵阳市城市公共安全状况，见图 2。由图 2 可知，令受访者感到不满意的城市公共安全状况，取不满意人数的前 3 个数值，即 14 人、9 人、8

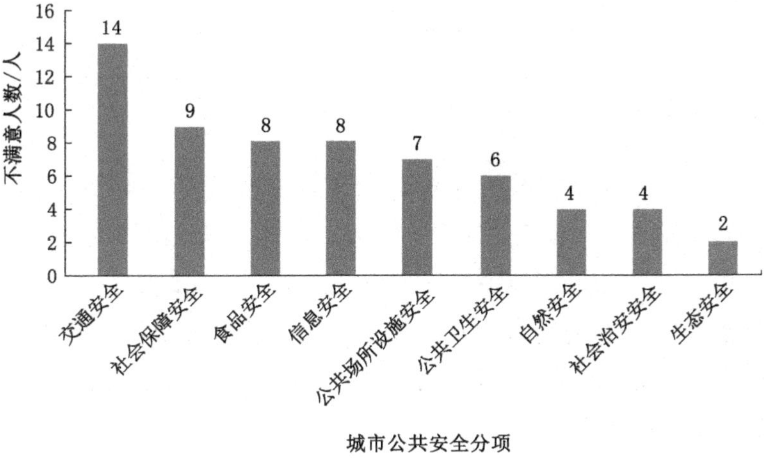

图 2 令人不满意的贵阳市城市公共安全状况

人，分别是交通安全、社会保障安全、食品安全以及信息安全，其中食品安全和信息安全并列第3。在20位受访者中，有14位受访者对贵阳市的交通安全感到不满意，有9位受访者对贵阳市的社会保障安全感到不满意，分别有8位受访者对贵阳市的食品安全和信息安全感到不满意。受访者的不满意状况反映出贵阳市政府在交通安全、社会保障安全、食品安全和信息安全等方面的公共治理有待加强。

（二）贵阳市城市公共安全分项评价高的原因

生态安全方面，贵阳市旅游业发达，工业企业很少；树木很多，绿化面积大，森林覆盖率高；政府很注意保护生态环境，出台了一系列措施。自然安全方面，贵阳市地处云贵高原，海拔较高、纬度较低，冬无严寒、夏无酷暑；不靠近沿海，很少发生台风、洪涝等灾害。社会治安安全方面，相继开展了“天眼”行动、扫黑除恶专项斗争等，社会治安状况良好；人口素质提高，经济平稳发展，不安全事件发生率较低；大批警察全天候巡逻，有效减少了恶性事件的发生，提高了居民安全感。

1. 生态环境优越，工业企业少

贵阳市气候条件非常适合树木生长，树种繁多，有“天然氧吧”之称。2019年，贵阳市森林覆盖率达到53.0%，人均公共绿地面积达到12.88平方米，环境空气质量优良率达到98.1%①。坚持绿水青山就是金山银山，贵阳市政府坚决守好发展和生态两条底线，推动生态环境保护取得新成效。其中，污染治理成效明显，环保执法保障有力。贵阳市坚持发展旅游业，以旅游带动经济发展，截至2019年，生态文明贵阳国际论坛已经走过了10年。受访者对贵阳市的生态安全方面非常满意。

邓先生向我们讲述了贵阳市的生态治理，他说：“我们这里空气真的很好，生态文明贵阳国际论坛也是在我们这里开。政府工作人员日常监管巡逻比较到位，比如工地的扬尘必须要有降尘设施，不允许露天摆放夜市摊等。政府会成立专门的环保小组，对环保工作进行检查，同时责任划分比较明确。例如，在观山湖的河道里发现问题以后，有属于企业的问题就让企业来处理，有属于社区的问题就让社区来处理，有属于市政的问题就让市政来处理。”

---

① 贵阳市生态环境局2019年工作总结和2020年重点工作任务[EB/OL].(2020-01-21)[2020-06-05]. http://sthjj.guiyang.gov.cn/zfxxgk_500528/fdzdgknr/ghxx/jhzj/202002/t20200211_48457775.html.

2. 自然地理位置优越，自然灾害发生率低

贵阳市地处云贵高原，总地势西南高、东北低，平均海拔高度在1 100米左右，属于亚热带（副热带）高原季风湿润气候区，夏无酷暑，冬无严寒。贵阳市因其优越的地理位置，相较于沿海地区，台风、地震等自然灾害较少。同时，贵阳市排水系统做得比较好，雨后积水比较少。另外，贵阳市政府积极做好防灾减灾工作，有效减少了自然灾害的发生。受访者表示对贵阳市的自然安全并不担心，很少会遇到自然灾害。

一位受访者谈及对贵阳市自然安全方面的看法时说："贵阳市自然安全方面做得挺好的。贵阳市会经常下雨，但从来没出现过雨水把道路淹没导致交通瘫痪的现象，下雨的时候地上会积水，不过很快就会降下去，城市没有出现过内涝。"

3. 治安整治力度大，防控体系建设成效显著

贵阳市政府一直致力于社会治安建设，打造社会治安防控体系。自2013年以来，贵阳市委、市政府创新开展"两严一降"（严厉打击两抢一盗犯罪、严密防范两抢一盗犯罪、降低刑事发案率）专项斗争行动，打响"向毒品说'不'"的禁毒人民战争，拉开了立体化社会治安防控体系建设的序幕。贵阳市政府按照中央政法委风险防控体系建设和公安部立体化社会治安防控体系建设的要求，以创新为魂，主动抢抓贵州省发展"大数据"战略机遇，融入贵阳市"块数据城市"建设，用大数据理念和手段破解社会治安难题，建设完善了全市立体化社会治安防控体系。受访者普遍表示，贵阳市的社会治安比前几年要好很多，居民很有安全感。

陶女士说："贵阳市这几年在社会治安方面的工作成果还是比较显著的。原来不敢天黑后在街上走，特别是快过年的时候，治安有些乱。现在我们的政法委、公安等部门下大力气，严厉打击犯罪，社会安全了很多。"

（三）贵阳市城市公共安全分项评价低的原因

本次访谈发现，部分受访者对贵阳市的城市公共安全存在不满，排名前3位的分别是交通安全、社会保障安全、食品安全以及信息安全，其中食品安全、信息安全并列第3。公共安全的很多方面还有待改善，居民的安全感、满意度有待提高。交通安全方面，受访者认为贵阳市的交通比较拥堵，尤其是上下班高峰期，另外非机动车乱停乱放现象也时有发生。社会保障安全方面，受访者认为贵阳市的多数企业工资待遇比较低，"五险一金"缴纳不足，多数企业只为职

工缴纳养老保险和医疗保险。食品安全方面,受访者认为食品安全方面的问题比较普遍,食品监管方面存在漏洞,农药残留超标、食品添加剂超标等问题很难避免。信息安全方面,大数据时代信息泄露现象比较常见,网络诈骗尚未得到很好整治,受访者对信息安全方面比较担忧。

1. 城市交通用地狭小,交通拥堵严重

贵阳市处于云贵高原中部,城区四面山丘环绕,平地较少,这一特殊的地理环境导致城区面积狭小,交通用地不足。此外,随着贵阳市城市化进程的加快,大量外来人口涌入城市,城市人口急剧膨胀,人口密度增加,机动车保有量也随之增加,贵阳市部分路段出现了严重的交通拥堵现象。

刘先生对交通安全方面感触比较深,他说:"贵阳市的交通规划不是很合理,这对居民的日常出行影响比较大。例如,修地铁的问题,从长远来看是好事情,但是政府在修地铁的过程中,没有规划好临时路线,影响了居民的出行。另外,交通违停问题需要重视。有的地方像老城区总共就两个车道,还有人在此停车。最令人不解的是,一些很窄的道路,政府有关部门却设了停车位,这很容易把路堵死。"

2. 工资水平偏低,社会保障制度不健全

很多受访者表示贵阳市企业的工资待遇普遍偏低,低于一般省会城市的工资标准,工资低、消费高,居民安全感不高。有受访者表示购买城镇医疗保险并没有很好地解决看病难、看病贵的问题,每次去医院看病都要排很长的队伍,医疗资源比较紧张。也有受访者表示有很多外来务工人员子女的教育问题不能得到妥善解决。

刘先生说:"医疗资源分布不均,好的医疗资源确实很紧俏。基层好的医疗资源比较稀缺,大家看病都来大的医院。"

韦先生说:"贵阳市的工资水平和其他省会城市相比确实太低,而且物价高,房价上涨过快,外来人口在贵阳市安家比较困难。"

3. 食品问题层出不穷,有关部门监管不严

近几年食品安全问题层出不穷,受访者对食品安全非常担忧。部分食品生产者为了降低生产成本,获取高额利润,降低了食品的质量,给公众的身体造成了一定损伤。个别食品监管部门监管不力,存在审查不严、多头管理、监管手段落后等问题,食品安全无法得到有效保证。尤其是一些小作坊企业,政府往往很难有效监管。

顾女士是基层工作者，对食品安全问题深有体会。她说："政府对食品安全方面的监管是有所欠缺的，而且处罚力度不是很大，经常有新闻曝出来一些食品安全问题，这些问题影响了消费者的身体健康。另外，一些小型食品加工厂远离市区，政府一般很难有效监管。"

4. 信息泄露防不胜防，相关法律法规有待完善

信息泄露防不胜防，居民不堪其扰。有很多受访者表示"个人信息不知道怎么就泄露了"。这说明，一方面居民的信息安全意识薄弱，平时不注意保护个人信息，给犯罪分子以可乘之机；另一方面加强居民个人信息防护，对政府而言已刻不容缓。此外，网络安全、信息安全方面的法律法规尚不完善，处罚不够严格，导致居民信息安全问题日益严重。

刘先生说："去年我帮我们老年大学里的一个阿姨处理诈骗问题，对方打电话告诉这个阿姨，说她家小孩在外面欠钱了，需要还钱。阿姨找到我之后，我就打电话报了警，并和对方说我已报警，对方很快把电话挂了。"

三、提升贵阳市城市公共安全的有关建议

安全治理体系和治理能力的现代化是提升城市公共安全管理的必然选择，城市公共安全问题随着城市化进程的加快越来越凸显，治理城市公共安全问题需要创新方式方法。城市公共安全评价反映了城市居民对整个城市公共安全状况的满意程度。贵阳市 20 位受访者从自身实际出发，表达了他们对贵阳市城市公共安全满意和不满意的方面，并针对贵阳市城市公共安全问题的解决，提出了有关建议。

（一）创新公共安全宣传方式，提高居民公共安全意识

传统的社区宣传方式受限于时间、空间，并不能让每一位居民都能接受到宣传内容。因此，要改变传统的宣传方式，运用现代信息技术，融入现代人的宣传喜好，从而提升宣传效果。受访者表示，将公共安全方面的知识借助现代化的宣传方式进行传播，例如，短视频、微信公众号等，居民更容易接受。

韦先生、尚女士等认为加强宣传教育是必不可少的。尚女士说："在保护信息安全方面收到过政府发来的信息，信息内容是告知公众如何辨识诈骗。"韦先生说："在交通安全方面，一定要创新宣传方式，加大交通规则宣传力度，减少闯红灯行为的发生"。

姚女士认为："在维护公共卫生安全、公共场所设施安全、信息安全等方面，

社区会定期展开形式多样的宣传,我认为非常有用。”

赵同学说:“我的大部分公共安全知识都是从一些短视频平台上获取的,我感觉非常有用。”

(二)重点关注老年人,加强老年人防骗知识宣传

很多受访者认为应该专门加强对老年人的安全教育,老年人安全意识薄弱,对网络诈骗了解较少,很容易落入诈骗圈套。所以应该专门加强对老年人的防诈骗安全知识宣传,切实提升他们的识骗防骗能力。同时,鼓励年轻人与老年人多沟通,尽最大力量帮助老年人、关爱老年人。

吴女士说:“老年人是最容易受骗的。现代社会发展太快,年轻人有时候都适应不了,更何况老年人。所以,作为子女平时一定要多关爱自己的父母,要对他们多些耐心。”

(三)加强法律法规建设,依法履职担当

随着社会的进步发展,法律也需要不断健全完善。受访者表示,部分公共安全事件反复发生,其中一个重要的原因是该公共安全领域的法律处于不健全或缺失状态,使得不法分子钻了法律的漏洞。受访者认为,相关部门要对导致公共安全事件发生的责任者加大处罚力度,提高违法成本。

吴女士是一名个体劳动者,面对屡禁不止的偷盗现象,她认为:“要想制止偷盗行为,一定要严惩偷盗者,不能仅是拘留几天,外加一点罚款,这样起不到威慑作用。”

谢先生面对闯红灯现象也有类似的想法:“行人闯红灯之所以屡禁不止,其中一个重要原因是政府没有相应的处罚措施。”

陶女士对交通违法这方面也深有同感,她认为:“法律应该再严一点,目前交通违法的成本太低,以致个别人并不在乎,依旧我行我素。”

(四)完善社保制度,提高社会福利

一是,进一步完善养老、医疗等保险制度,构建更加完备的多层次、多支柱的养老、医疗保障体系。二是,多制定一些福利性的政策,提高低收入群体的幸福感,在就医、养老等方面多听居民意见,切实提高居民的公共安全感,促进社会公平。

刘女士谈及社会保障安全时说:“贵阳市的平均工资水平在3 400～4 000元,个别企业还不给职工缴纳五险一金,普通打工者的权益得不到很好保障。”

韦先生同样认为："贵阳市工资水平太低了，有些工作工资一个月两三千元，租房子最少也要1 000元，根本没办法存钱，居民的幸福感、安全感都比较低。"

（五）忠实履行职责，加大监管力度

一是，地方政府应坚持为人民服务的原则，贯彻落实上级政府指示，因地制宜制定属于本地区的政策，切实维护本地区人民利益，始终为人民谋幸福。二是，地方政府应履行监管职能，将违法违规行为扼杀在摇篮中，并督促各生产经营企业安全生产，维护市场秩序，努力做到不缺位、不失职。三是，地方政府应具有强烈的责任意识和担当精神，积极回应社会公众的需求和关切。

在基层工作多年的顾女士说："社区不是执法部门，我的工作就是服务好居民，有时候出现问题，我负责写材料，上报。上报以后能不能得到及时、有效解决，还要看上级部门的处理结果。上级领导需要多下基层走走，深入了解居民生活中遇到的困难，这很重要。"

已经来贵阳市生活7年的一位受访者说："极个别政府工作人员在履职尽责方面还有待提高，要切切实实做到为人民服务，积极回应居民诉求。"

哈尔滨篇

访谈时间： 2019 年 7 月 15 日—7 月 17 日

访谈地点： 南岗区、香坊区、道里区

访谈人员： 王颜

一、调查背景

调查背景部分主要包括哈尔滨市的城市介绍、访谈概况和受访者基本信息三部分。城市介绍部分对哈尔滨市概况进行了描述，便于读者对该城市有一个直观的印象；访谈概况部分介绍了访谈的背景、时间、地点等；受访者基本信息部分梳理了所有受访者的个人信息，包括性别、年龄、职业等，使受访者情况一目了然。

（一）哈尔滨市介绍

哈尔滨市地处中国东北，黑龙江省西南部，是黑龙江省的省会，副省级市，中国东北北部政治、经济、文化中心，也是中国著名的历史文化名城和旅游城市，素有“东方莫斯科”“东方小巴黎”之美称。哈尔滨市位于东经125°42′～130°10′，北纬 44°04′～46°40′。哈尔滨市属中温带大陆性季风气候，全年平均气温 5.6 ℃，最高月平均气温 23.6 ℃，最低月平均气温－15.8 ℃，冬长夏短，有“冰城”之称。①

（二）访谈概况

习近平总书记指出：“公共安全建设对于构建和谐社会，推动全面小康建设，乃至于中华民族的伟大复兴都具有非常现实和深远的意义。”城市公共安全

① 来源于哈尔滨市人民政府网站。

是城市经济发展与社会进步的前提条件，是全社会共同关注的热点问题。近年来，我国城市公共安全事件频发，城市公共安全管理面临前所未有的严峻挑战。本次访谈共用时3天，从2019年7月15日到2019年7月17日，访谈地点选在了哈尔滨市的南岗区、香坊区、道里区。访谈采用深度访谈的形式，挖掘城市居民对于城市公共安全的感受，为城市公共安全领域的后续研究提供了第一手资料。

（三）受访者基本信息

在受访群体的选择上，尽量考虑到不同性别、不同年龄和不同职业的哈尔滨市居民，且选取在哈尔滨市居住两年以上的访谈对象，使其观点更具有可信性。总体来看，受访样本兼顾了年龄、性别、职业等的分布合理性。

在受访的20名哈尔滨市居民中：从性别上看，男性受访者9人，女性受访者11人。从年龄分布上看，20～40岁的8人，41～60岁的5人，60岁以上的7人。受访人群各个年龄层比较均匀，不仅包括年轻人群，也包括中等年龄层的人群和老年人。和年轻人群相比，老年人经历了几十年哈尔滨市城市的发展，对哈尔滨市的发展状况了解更为深刻，能更全面地表达自己对城市公共安全的感受。从职业分布上看，有学生、退休人员、上班族、个体经营者等，职业范围比较广泛，一定程度上兼顾了不同职业背景人群对于城市公共安全问题的感受。

二、哈尔滨市城市公共安全评价

城市公共安全评价反映的是城市居民对整个城市环境的安全感知情况，关系到政府角色、公共政策、行政管理行为、人民生活、社会稳定等多个层面。本次访谈从更加全面的角度编制了城市居民公共安全状况访谈提纲，通过了解哈尔滨市居民的城市公共安全评价，呈现出哈尔滨市的城市公共安全现状、面临的挑战以及存在的问题，为哈尔滨市政府的公共治理提供一些建设性的建议。

（一）哈尔滨市城市公共安全整体评价

城市公共安全评价是城市居民对一个城市公共安全状况的主观衡量。本次访谈通过受访者对自然安全、生态安全、公共场所设施安全、食品安全、公共卫生安全、交通安全、社会治安安全、社会保障安全、信息安全等9个方面的评价，得出受访者对哈尔滨市城市公共安全状况最满意和最不满意的若干方面，从而发现哈尔滨市城市公共安全存在的显性和隐性问题，为哈尔滨市政府的公共治理提供相关建议。

1. 令人满意的哈尔滨市城市公共安全状况

当谈及比较满意的城市公共安全状况时，令受访者满意的城市公共安全状况排在前 3 位的分别是自然安全、公共卫生安全和社会治安安全。在 20 位受访者中，有 16 位受访者对哈尔滨市的自然安全感到满意，有 13 位受访者对哈尔滨市的公共卫生安全感到满意，有 13 位受访者对哈尔滨市的社会治安安全感到满意。受访者的满意状况反映出其对哈尔滨市政府在自然、公共卫生、社会治安等方面公共治理的认可。令人满意的哈尔滨市城市公共安全状况，见图 1。

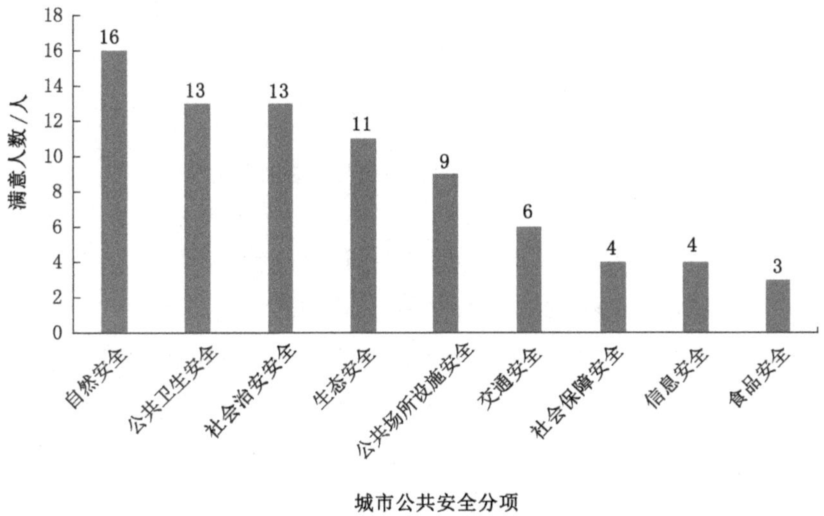

图 1　令人满意的哈尔滨市城市公共安全状况

2. 令人不满意的哈尔滨市城市公共安全状况

在本次访谈过程中，受访者除了对自然安全、公共卫生安全、社会治安安全等方面比较满意外，对其他方面的城市公共安全满意度还有待提高。根据访谈结果，令受访者不满意的城市公共安全状况前 3 位分别是交通安全、食品安全和生态安全。在 20 位受访者中，有 14 位受访者对哈尔滨市的交通安全感到不满意，有 12 位受访者对哈尔滨市的食品安全感到不满意，有 10 位受访者对哈尔滨市的生态安全感到不满意。受访者的不满意状况反映出哈尔滨市政府在交通、食品、生态等方面的公共治理还有待加强。令人不满意的哈尔滨市城市公共安全状况，见图 2。

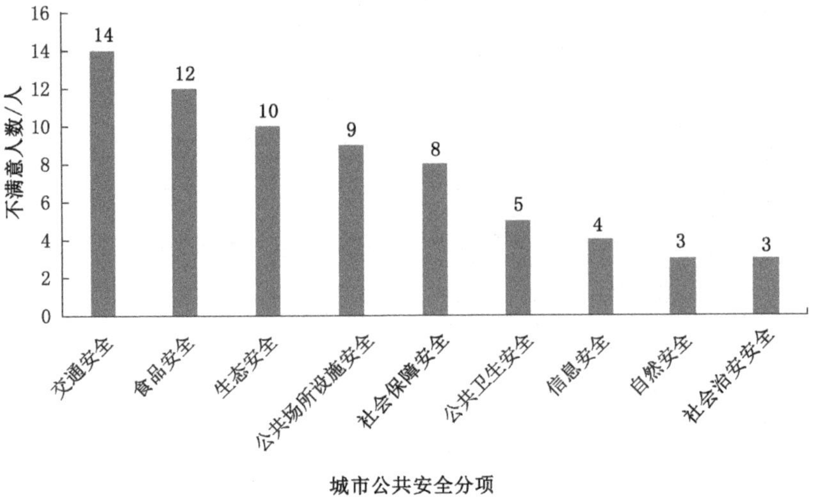

图2　令人不满意的哈尔滨市城市公共安全状况

(二)哈尔滨市城市公共安全分项评价高的原因

在自然安全方面,哈尔滨市地处平原,属中温带大陆性季风气候,哈尔滨市很少发生大的地震、台风等自然灾害。在公共卫生安全方面,政府在公共卫生方面的投入较多,各类公共卫生机构充足,公共卫生机制完善,受访者对公共卫生安全很满意。在社会治安安全方面,哈尔滨市借助现代信息技术,在各个小区安装了监控设备;警力充足,能够确保及时处理突发事件。

1. 地理位置优越,自然灾害较少

哈尔滨市市区及双城区、呼兰区地域平坦、低洼,东部县(市)多山及丘陵地。东南临张广才岭支脉丘陵,北部为小兴安岭山区,中部有松花江通过,山势不高,河流纵横,平原辽阔。哈尔滨市市区主要分布在松花江形成的三级阶地上:第一级阶地海拔132~140米,主要包括道里区和道外区,地势平坦;第二级阶地海拔145~175米,由第一级阶地逐步过渡,无明显界限,主要包括南岗区和香坊区的部分地区,面积较大,长期流水侵蚀,略有起伏,土层深厚,土质肥沃,是哈尔滨市重要农业区;第三级阶地海拔180~200米,主要分布在荒山嘴子和平房区南部等地,再往东南则逐渐过渡到张广才岭余脉,为丘陵地区。哈尔滨市很少发生大的地震、台风等自然灾害。

宋先生说:“哈尔滨市是个宝地,没发生过什么重大的自然灾害,我对自然安全方面很满意。”

有受访者说:“我比较满意的方面是自然安全方面。因为哈尔滨市基本没有发生过严重的自然灾害。地震、台风即使有,也不会造成人员伤亡。城市内涝也仅限于市内一些地势低洼的地方,且积水清理得也很及时,大概两个小时左右就排走了。”

2. 公共卫生体系建设取得成效,传染性疾病较少发生

政治在公共卫生方面的投入很多。截至 2019 年,哈尔滨市共有各类卫生机构 2 026 个(未含农村卫生室),其中医院 331 个、卫生院 187 个、社区卫生服务中心(站)143 个。卫生机构床位数 8.93 万张。卫生技术人员 7.06 万人,其中执业医师 2.44 万人,注册护士 3.01 万人。卫生机构全年诊疗 3 413.9 万人次。① 完善的公共卫生体系,使哈尔滨市居民对公共卫生安全很满意。

有受访者说:“社区会经常贴一些宣传单,提醒居民注意公共卫生。另外,社区也会在流感多发季节,提醒居民及时增添衣物等。”

万先生说:“医疗卫生整体可以,现在三甲医院都挺好的,没有感受到什么公共卫生方面的问题。”

有受访者说:“传染性疾病方面,除了 2003 年感受到非典疫情以外,哈尔滨市几乎没有发生过大的流行性疾病。疫苗方面没有听闻问题疫苗的事。我对哈尔滨市的公共卫生安全状况还是很满意的。”

3. 警力投入充足,居民治安安全感倍增

哈尔滨市各个小区均安装了监控设备,有效减少了盗窃、抢劫、打架斗殴等事件的发生;哈尔滨市各个街道都有警车巡逻,实行 24 小时轮班制度,夜间更是强化巡逻力度,全力守护居民安全。总之,受访者对哈尔滨市的社会治安安全比较满意。

刘先生说:“现在治安很好。只要走出家里大门,你就已经进入了市政监控的范围,去哪都有摄像头,偷盗抢劫明显减少。”

马女士说:“我不担心社会治安问题,有这么好的政府,这么好的警察,生活很安全。”

(三) 哈尔滨市城市公共安全分项评价低的原因

在本次访谈过程中,受访者除了对自然安全、公共卫生安全、社会治安安全

---

① 2019 年哈尔滨市国民经济和社会发展统计公报[EB/OL].(2020-07-03)[2020-09-05]. http://www.harbin.gov.cn/haerbin/c104569/202007/c01_70343.shtml.

等方面比较满意外,对其他方面的城市公共安全满意度还有待提高。部分受访者直接表达了自己对于某一方面城市公共安全的不满态度,交通安全、食品安全、生态安全等方面的问题比较突出。在交通安全方面,由于经济的发展以及人们生活水平的提高,越来越多的家庭有了自己的私家车。城市私家车数量的增多一方面造成了道路拥堵,另一方面也加大了交通事故发生的概率。在食品安全方面,受访者主要是担心地沟油、食品添加剂超标、农药残留超标等问题。民以食为天,如果食品安全没法保证,居民的安全感自然也会降低。在生态安全方面,由于东北地区冬天寒冷,需要烧煤供暖,所以一到冬天的时候,就会有雾霾出现。近几年,虽然政府加大了对空气的治理,但是雾霾现象还是会经常出现。

1. 交通堵塞严重,交通事故时有发生

当问及是否担心交通问题的时候,绝大多数受访者回答是肯定的。一是哈尔滨市少数司机开车速度较快,存在超速现象,交通事故时有发生。二是哈尔滨市车辆较多,早晚交通高峰期,堵车问题突出。三是哈尔滨市交通管理制度不够完善,个别路段红绿灯设置不合理。

王先生说:"早高峰晚高峰的时候市内会堵车,我认为交通拥堵的主要原因是私家车太多了。交通事故也是比较常见的,严重一点的还会有人员伤亡。另外,还有一些违反交通规则的现象,比如行人不走人行道、闯红灯、车停在人行道上等。"

有受访者说:"我最不满意的是交通安全方面。近些年,私家车的数量直线上升,堵车问题一直没有得到有效解决。希望哈尔滨市修建地铁之后,堵车问题能够有所缓解。"

2. 食品安全问题频发,公众安全感降低

当问及是否担心食品安全问题的时候,绝大多数受访者的回答是肯定的。近些年,个别商家为了牟取暴利,采取不正当手段进行食品生产,社会上食品安全事件层出不穷,给公众带来了伤害。民以食为天,如果食品安全无法保证,公众公共安全感也会随之降低。

马先生说:"现在食品添加剂太多了,一般的饮料、面粉里面都有添加剂。也许成年人吃了影响不大,但是小孩子吃了肯定有一定的影响。"

马女士说:"过去吃的蔬菜大部分是自己种的,没有任何添加剂和农药,都是纯天然的,十分安全。现在在菜市场买菜,看见长得特别大和表面发亮的菜,就会担心是不是含了过量农药。总之,对食品安全不是很放心。"

3. 环境问题亟待解决,居民生活深受困扰

由于东北地区冬天特别寒冷,需要烧煤供暖,所以一到冬天,哈尔滨市雾霾问题比较突出。近几年,虽然政府加大了对空气的治理,但是雾霾现象还是经常出现。另外,垃圾分类问题也较为突出,哈尔滨市部分小区垃圾分类落实不到位,居民环境保护意识有待提高。

李女士说:"哈尔滨市夏天空气质量还可以,冬天需要烧煤供暖,空气质量不太好。另外,小区垃圾分类做得不是太好,垃圾分类的具体施行还需要一个过程。"

有受访者说:"在秋末冬初的时候,哈尔滨市雾霾比较严重。个别时段,还会影响居民出行。"

马先生说:"哈尔滨市空气春夏秋三季都挺好的,就是一到冬季烧煤供暖的时候,空气质量要差点。"

三、提升哈尔滨市城市公共安全有关建议

城市公共安全治理任重道远,政府肩负着重大的责任。政府作为城市公共安全治理的主体,不仅是城市公共安全治理的直接推动者,同时也是政策的制定者和实施者。当然,城市公共安全治理政策创新要充分尊重人民群众的主体地位,发挥人民群众物质和精神财富创造者的优势,不断探索反映人民意志的治理路径。哈尔滨市受访者从自身实际和生活体验出发,表达了自己对于城市公共安全各分项满意和不满意的观点及原因,并积极为解决现存城市公共安全问题建言献策。

(一)加强公共安全宣传教育,增强居民参与意识

访谈过程中受访者多次提到,希望政府部门做好公共安全方面的宣传工作,加强城市公共安全教育。在城市公共安全治理过程中,宣传先行、教育先行对于广大城市居民有着重要启发作用。从受访者的反馈来看,虽然他们所在的社区、学校、单位有过公共安全宣传教育,但实际效果不佳。受访者普遍认为可以在宣传形式上与时俱进,增强宣传教育工作的有效性。

有受访者说:"需要让居民意识到垃圾分类对于改善环境的重要意义。另外,对于上了年纪的居民来说,政府在进行宣传时,一定要浅显易懂地告知他们如何辨别不同种类的垃圾。否则,只有垃圾分类的意识,没有垃圾分类的知识也于事无补。"

(二)强化政府监管,以强制措施约束不法行为

政府监管部门应为相关行业发展创造良好的制度环境、政策环境和法律环境,同时也应担负起必要的行政监管职能。从政府监管角度提出建议是众多受访者直观的看法,他们从问题—监管(惩处)—改善的治理逻辑表达了自己对于身边公共安全问题解决的看法。对于城市公共安全问题,科学、适当的强制措施十分必要。

有受访者说:"在生态安全问题上,政府采取强制性措施,虽然可能有些人暂时会有怨言,但一段时间后居民会理解政府为什么这么做。"

李先生说:"在交通安全问题上,政府管理力度要加大。尤其是针对行人闯红灯的现象,要加大处罚力度,将多次闯红灯者纳入个人征信系统,切实引起居民的关注。"

有受访者说:"在食品安全问题上,要着力解决地沟油、食品添加剂超标等问题,针对餐厅卫生情况,政府要加大监管力度,杜绝'走过场'式检查。"

(三)加强法治建设,重视网络舆情管理

建立规范的政府管理决策监督机制将涉及行政管理制度、法律制度、社会舆论管理制度等多方面重大制度的改革与调整。政府应加强立法,严格执法,建立严格的食品、药品审查制度。现阶段我国公共安全法律法规不够完善,体现为公共安全应急体系法律法规不完善,突发事件应急处理相关立法的可操作性不强,法律条文过于笼统等。另外,不少受访者意识到政府舆情引导和控制的重要性,当安全事故和公共危机爆发时,政府若能及时有效地把握舆情导向,了解公众诉求,做好风险沟通,就能一定程度上化解安全风险,避免风险持续扩大。

有受访者说:"信息安全问题上,政府要出台一些措施,比如加强立法,完善社会征信体系,加强对于失信人的惩罚力度,以此来号召公众重视信息安全问题。另外,抓到信息泄露的责任者,一定要严惩,不能让违法分子觉得泄露他人信息,顶多是罚款的小事。"

周女士针对城市公共安全发生后,政府应采取的应急处置措施表达了自己的看法:"虽然大家都不希望公共安全事件发生,但事件一旦发生,就要做好一定的应对措施。政府在这方面,一定要加强对网络舆情的监控和引导,畅通沟通渠道,及时回应公众诉求。"

杭 州 篇

访谈时间： 2019 年 7 月 11 日—7 月 16 日

访谈地点： 江干区、萧山区、上城区、西湖区、滨江区

访谈人员： 闫方圆

一、调查背景

调查背景包括城市介绍、访谈概括和受访者基本信息等内容。城市介绍部分对杭州市整体情况进行描述，方便读者对该城市有一个直观印象；访谈概括部分对本次访谈做了介绍，包括实施访谈的时间、地点、目标等；受访者基本信息部分对本次访谈的所有受访者身份信息进行梳理，包括受访者的性别、年龄、职业等。

（一）杭州市介绍

杭州市是浙江省省会和浙江省经济、文化、科教中心，长江三角洲中心城市，重要的风景旅游城市，首批国家历史文化名城，也是“丝绸之路经济带”和“21 世纪海上丝绸之路”的延伸交点和“网上丝绸之路”的战略枢纽城市。杭州市位于北纬 29°11′～30°34′和东经 118°20′～120°37′之间。杭州市属亚热带季风气候，四季分明，光照充足，雨量充沛，春秋较短，冬夏较长。杭州市下辖 10 个区、1 个县级市、2 个县，土地面积 16 850 平方千米。①

（二）访谈概况

本次访谈从 2019 年 7 月 11 日到 7 月 16 日为期 6 天，访谈地点覆盖了杭州市的核心区域，包括江干区、萧山区、上城区、西湖区、滨江区。访谈采用深度访

① 来源于杭州市人民政府网站。

谈的形式，挖掘城市居民对于城市公共安全的感受，为城市公共安全领域的后续研究提供了第一手资料。

（三）受访者基本信息

在受访群体的选择上，尽量考虑到不同性别、不同年龄和不同职业的杭州市居民，且选取在杭州市居住半年以上的受访对象，使其观点更具有可信性。总体来看，受访样本兼顾了年龄、性别、职业等的分布合理性。

在受访的 20 名杭州市居民中，从性别上看，女性受访者占总受访人数的 20%，男性受访者占总受访人数的 80%，男性受访者居多。从年龄分布上看，受访者中 18～30 岁的有 9 人，31～50 岁的有 8 人，50 岁以上的有 3 人。从职业分布上看，受访者中超市、商店个体户有 4 人，在读大学生有 6 人，公司职员有 4 人，其他职业有 5 人，退休人员有 1 人。受访者职业多样化，最大程度上兼顾了不同职业背景的人群对于城市公共安全问题的感受。

二、杭州市城市公共安全评价

城市公共安全评价反映的是城市居民对整个城市环境的安全感知情况，关系到政府角色、公共政策、行政管理行为、人民生活、社会稳定等多个层面。本次访谈从更加全面的角度编制了城市居民公共安全状况访谈提纲，通过了解杭州市居民的公共安全状况，呈现出杭州市的城市公共安全现状、面临的挑战以及存在的问题，为杭州市政府的公共治理提供一些建设性的意见和建议。

（一）杭州市城市公共安全整体评价

1. 令人满意的杭州市城市公共安全状况

城市公共安全包括自然安全、生态安全、公共卫生安全、食品安全、交通安全、公共场所设施安全、社会治安安全、社会保障安全、信息安全等 9 个方面。令人满意的杭州市城市公共安全状况，见图 1。由图 1 可知，受访者对杭州市城市公共安全满意的 3 个方面分别是公共场所设施安全、交通安全和社会治安安全。在 20 位受访者中，有 14 位受访者对杭州市的公共场所设施安全感到满意，有 13 位受访者对杭州市的交通安全感到满意，有 12 位受访者对杭州市的社会治安安全感到满意。受访者的满意状况反映出其对政府在公共设施、交通、社会治安等方面公共治理的认可。

2. 令人不满意的杭州市城市公共安全状况

在本次访谈过程中，受访者除了对公共场所设施安全、交通安全、社会治安

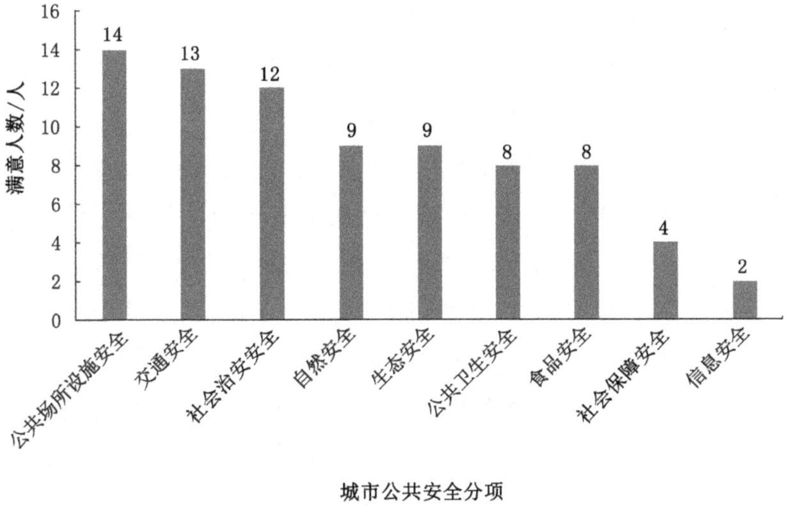

图 1　令人满意的杭州市城市公共安全状况

安全等方面比较满意外,对其他方面的城市公共安全满意度还有待提高。令人不满意的杭州市城市公共安全状况,见图 2。由图 2 可知,令受访者不满意的城市公共安全状况前 3 位分别是信息安全、食品安全和生态安全。在 20 位受访者中,有 9 位受访者表示对杭州市的信息安全感到不满意,有 8 位受访者对杭州市的食品安全感到不满意,有 5 位受访者对杭州市的生态安全感到不满意。受访者的不满意状况反映出杭州市政府在信息、公共卫生、生态等方面的公共治理还有待加强。

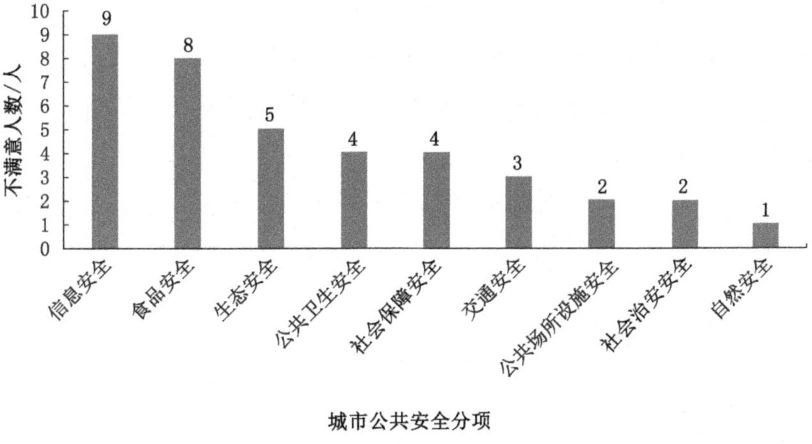

图 2　令人不满意的杭州市城市公共安全状况

(二)杭州市城市公共安全分项评价高的原因

杭州市经济发展水平较高,公共设施完备,交通便利,治安环境较好。公共设施安全方面,杭州市市政设施能基本满足居民日常生活需要,故障率低,检修制度完善。交通安全方面,道路交通井然有序,每个路口会有交警值班,有效减少了闯红灯等行为的发生。同时,政府加强对非机动车的管理,骑电动车必须佩戴头盔,且不能载人。社会治安方面,杭州市的每个地方路口以及小区门口都安装了高清监控探头。一旦发生危急事件,可以确保快速出警。

1. 公共设施完备,生活安定和谐

杭州市作为发达城市和旅游重点城市,在规划和建设各类公共设施时,充分考虑了应急处置工作的需要,合理配置应急处置设施,重点确保城市生命线系统(例如交通、水、电、气、热、通信等)的安全可靠高效,使其具有较强的抗逆力和较高的抵御突发事件能力。类似于窨井盖、下水管道、公用电梯、燃气管道等之类的公用设施能满足杭州市居民日常的需要,基本不会出现故障,即使发生故障,政府处理得也非常及时。

谢女士说:"我住的小区,公共卫生区域每天早上都有保洁阿姨在打扫,整个社区的高压电线或者燃气管道、高层水箱很少出现故障,并且有专人定期检修。日常生活中,一些公用设施出现故障,维修速度很快。另外,社区经常会有安全用电用气或者火灾防范等方面的宣传。"

2. 公共交通系统日趋完善,居民安全意识日渐提高

近年来,杭州市的交通系统越来越发达,居民交通意识越来越高。一是,杭州市在全市范围内开展了以严管严查交通违法、工程运输车综合治理、电动自行车安全治理、道路安全隐患治理、交通安全宣传教育等五项措施为主要内容的道路交通安全综合治理行动。二是,杭州市加强道路交通安全管理,营造安全、有序的道路交通环境。道路两旁每隔一段距离安装有雨搭,可以防晒防雨。另外,非机动车管理非常严格,电动车需安装牌照,骑电动车必须佩戴头盔等。

吕女士说:"我认为政府部门在维护交通安全方面的措施十分到位。道路环境、道路基础设施都非常好,道路两旁安装有雨搭,可以防晒防雨。总之,我对杭州市的交通安全很满意,也非常喜欢杭州市这个城市。"

张先生说:"市内骑电动车佩戴头盔,安全性提高了。政府对共享自行车的管理越来越规范,原先共享自行车横七竖八地堆放着,现在这种情况好多了。"

3. 强化治安整治,公众安全感提升

近年来,杭州市的社会治安状况得到明显改善,盗窃案件减少,社区管理非常严格,居民的自我保护意识逐步加强。杭州市政府进一步理顺工作机制,加大社会治安整治力度,净化社会风气,为公众营造了一个和谐文明的社会环境。

王先生说:“杭州市是很安全的。夜晚出行的时候,基本上没有遇到过什么危险的事情。杭州市每个路口和小区门口都有高清监控探头。发生危险时,警方能及时到场。另外,社区里也没有发生过抢劫事件和一些群体性事件。”

(三)杭州市城市公共安全分项评价低的原因

在本次访谈过程中,受访者除了对公共场所设施安全、交通安全、社会治安安全等方面比较满意外,对其他方面的城市公共安全满意度还有待提高。通过整理访谈内容可知,受访者不满意的方面主要集中在信息安全、食品安全和生态安全3个方面。信息安全方面,受访者普遍反映骚扰电话和推销电话比较多,个人信息泄露严重,网络诈骗事件频发,对生活和工作带来了很大的影响。食品安全方面,受访者主要担心地沟油、食品添加剂超标、农药残留超标等问题,另外对路边摊和外卖食品也比较担心。生态安全方面,杭州市水资源污染比较严重、垃圾分类实施较难。

1. 信息泄露严重,网络诈骗时有发生

网络信息技术在城市政治、经济、社会各领域的广泛应用提高了城市管理的效率,但也给城市公共安全带来了隐患。用户个人数据、企业生产运行数据、政务数据等重要资料均面临着泄露的风险。信息窃取、数据泄露等事件时有发生,网络数据安全和用户信息保护形势日趋严峻。

有受访者说:“信息被泄露这种事情几乎每个人都遇到过。有些不良商家还会转卖客户的个人信息。我认为如果是个人的重要信息被泄露,肯定要报警,并努力搜集有用信息交给警方。政府要解决这类问题,必须要加大监管力度,对那些泄露或出售个人信息的单位或个人进行处罚。”

2. 食品卫生堪忧,食品安全事件频发

杭州市作为浙江省的省会,食品企业数量庞大,部分企业规模较小,管理水平参差不齐。食品安全事件频频发生,进一步加剧了公众的担忧。

温女士说:“买菜的时候会担心蔬菜农药残留物过多,点外卖食品的时候会担心地沟油等问题。”

张先生表示："我一般不点外卖食品，主要是担心外卖食品的卫生情况，感觉现在政府对外卖食品商家的管理还不是很到位。"

3. 经济快速发展，生态环境面临考验

随着杭州市城市建设的大规模扩张、人口高度集聚、经济快速发展，杭州市的生态安全面临着严峻考验。工业污染、生活污染等对杭州市的生态环境产生了威胁。

王先生说："杭州市的空气不是很好，这两年有了一定改善，可能是与政府出台的一些政策有关，例如，私家车限号、重污染企业外迁等。"

三、提升杭州市城市公共安全的有关建议

随着杭州市经济发展和城市化进程不断推进，杭州市城市公共安全面临越来越严峻的挑战。因此，从杭州市的实际情况出发，着力提升政府风险治理能力和水平、降低各类突发性事件发生的可能性、切实保障城市的科学发展与和谐稳定，具有重要的意义。杭州市受访者从自身实际和生活体验出发，表达了自己对于城市公共安全各分项满意和不满意的观点及原因，并积极为解决现存城市公共安全问题建言献策。

（一）提高公众公共安全意识

维护城市公共安全不仅需要政府、社会积极参与，也需要公众提高自身公共安全意识。杭州市公众的公共安全意识虽然有所增强，但就重视程度而言，仍然还有很大的提升空间。政府可综合运用网络、电台、电视台、宣传栏等方式培养公众的公共安全意识。公众公共安全知识的增强，既能提高自身的自救能力，也能在某些特殊情况下进行自救和事故救援。

赵先生说："政府要加大宣传，提高公众的安全防范意识。一旦发生事故，公众应具备相应的自救能力。"

（二）强化公共安全宣传和教育

一方面，政府有关部门要经常对各级党政领导干部进行安全风险相关管理知识及技能的培训，使其了解城市公共安全管理的重要性和职责所在，并掌握城市公共安全管理的程序、方法以及有关法律法规，切实提高各级党政领导干部防范和处置各类城市公共安全问题的能力。另一方面，政府要充分发挥宣传部门的作用，经常性开展防灾减灾知识宣传，提高公众自救互救能力。学校、医

院等人员密集的地方还应定期开展火灾、地震逃生等应急演练。

谢女士认为："公共卫生安全方面，国家应重视抗生素滥用等问题，不仅需要宣传，更需要进一步加强教育，普及基本知识；食品安全方面，要加强日常管理，更应加强宣传教育，防患于未然；社会保障安全方面，努力使所有人老有所养，病有所医，应加强公众养老爱老方面的教育；信息安全方面，要重视信息安全方面的宣传与教育。"

（三）加大政府监管力度，建立监督机制

政府要在食品安全、生态安全、信息安全等方面加大监管力度和执法力度，同时建立全社会对公共安全的监督机制，畅通各种监督渠道，动员公众和媒体参与检查监督。

有受访者认为："政府要认真倾听公众呼声，有效解决公众诉求。例如，定期派工作人员深入基层调查、走访，了解公共安全中存在的问题；定期组织工作人员到其他城市参观学习，借鉴先进管理经验。此外，还可以组织开展专家研讨，针对杭州市公共安全存在的问题，进行讨论，探讨有效的解决途径。对于生活中出现的安全问题，公众要主动、及时向有关部门反映，配合好政府的工作。"

（四）加强网络信息治理，营造良好信息环境

网络涉及诸多领域，与每个人息息相关。网络改变人们生活方式的同时，也带来了一些负面影响。电脑病毒等网络侵袭让我们的个人信息遭受到了威胁，这些威胁既需要个人提高防范意识，也需要政府加大治理力度，加强网络信息治理。

温女士认为："政府要加大信息安全监管和执法力度，可以通过完善立法、严厉打击贩卖个人信息的违法犯罪行为等举措，保护个人信息安全。"

呼和浩特篇

INTERVIEW REPORT

访谈时间: 2019 年 7 月 2 日—7 月 7 日

访谈地点: 玉泉区、新城区、回民区、赛罕区

访谈人员: 刘洋

一、调查背景

调查背景部分包含对目标城市呼和浩特市的城市介绍、访谈概况和受访者基本信息。城市介绍部分对城市概况进行描述,便于读者对该城市有一个直观印象;访谈概况部分对本次访谈做了介绍,包括实施访谈的时间、地点、目标等;受访者基本信息部分对本次访谈的所有受访者身份信息进行梳理,包括受访者性别、年龄、职业等,使受访者情况一目了然。

(一) 呼和浩特市介绍

呼和浩特市是蒙古语音译,意为“青色的城”,是内蒙古自治区首府,全区政治、经济、文化、科教和金融中心,誉为“中国乳都”,荣膺国家森林城市、中国优秀旅游城市、国家历史文化名城、全国十大幸福城市、全国民族团结进步模范城市、全国双拥模范城市等称号。呼和浩特市地处东经 110°46′～112°10′,北纬 40°51′～41°8′。呼和浩特市属中温带大陆性季风气候,四季气候变化明显,差异较大,其特点:冬季漫长严寒,夏季短暂炎热,春秋两季气候变化剧烈。呼和浩特市总面积 1.72 万平方千米。①

(二) 访谈概况

近年来,我国城市突出公共安全事件频发,城市公共安全管理面临前所未

① 来源于呼和浩特市人民政府网站。

有的严峻挑战。中国矿业大学基于“中国城市公共安全管理智库”这一平台，对我国部分城市公共安全状况进行了访谈。此次访谈时间从2019年7月2日至2019年7月7日，访谈地点为呼和浩特市的玉泉区、新城区、回民区、赛罕区。访谈采用深度访谈的形式，挖掘城市居民对于城市各类公共安全的真实感受，为城市公共安全领域的后续研究提供第一手资料。

（三）受访者基本信息

在访谈群体的选择上，尽量考虑到不同性别、不同年龄和不同职业的呼和浩特市居民，且选取在呼和浩特市居住两年以上的受访者，以保证访谈内容的可信性。总体来看，受访样本兼顾了年龄、性别、职业等的分布合理性。

在受访的20名居民中，从性别上看，男性受访者11人，女性受访者9人。从年龄分布上看，20岁以下的受访者1人，20～30岁的受访者9人，31～40岁的受访者8人，40岁以上的受访者2人。此次受访者较为集中在中青年群体，他们是社会建设的主干力量，对城市公共安全的感受与体验十分丰富。从职业分布上看，有学生、教师、家庭主妇、个体经营者以及企业工作人员等，职业范围比较广泛，最大程度上兼顾了不同职业背景的人群对于城市公共安全问题的感受。

二、呼和浩特市城市公共安全评价

城市公共安全评价反映的是城市居民对整个城市环境的安全感知程度，关系到政府角色、公共政策、行政管理行为、人民生活、社会稳定等多个层面。本次访谈从更加全面的角度编制了城市居民公共安全状况访谈提纲，通过了解呼和浩特市城市居民的公共安全状况，呈现出呼和浩特市的城市公共安全现状、面临的挑战以及存在的问题，为呼和浩特市政府的公共治理提供一些建设性的建议。

（一）呼和浩特市城市公共安全整体评价

城市公共安全评价是城市居民对一个城市公共安全状况的主观衡量。本次访谈通过受访者对自然安全、生态安全、公共场所设施安全、食品安全、公共卫生安全、交通安全、社会治安安全、社会保障安全、信息安全等9个方面的评价，得出受访者对呼和浩特市城市公共安全状况最满意和最不满意的若干方面，从而发现呼和浩特市城市公共安全存在的显性和隐性问题，为呼和浩特市政府的公共治理提供借鉴和方向。

1. 令人满意的呼和浩特市城市公共安全状况

当谈及比较满意的城市公共安全状况时，令受访者满意的城市公共安全状况前3位分别是自然安全、社会治安安全和公共场所设施安全。在20位受访者中，有11位受访者对呼和浩特市的自然安全感到满意，有10位受访者对呼和浩特市的社会治安安全感到满意，有6位受访者对呼和浩特市的公共场所设施安全感到满意。受访者的满意状况反映出其对呼和浩特市政府在自然、社会治安、公共场所设施等方面公共治理的认可。令人满意的呼和浩特市城市公共安全状况，见图1。

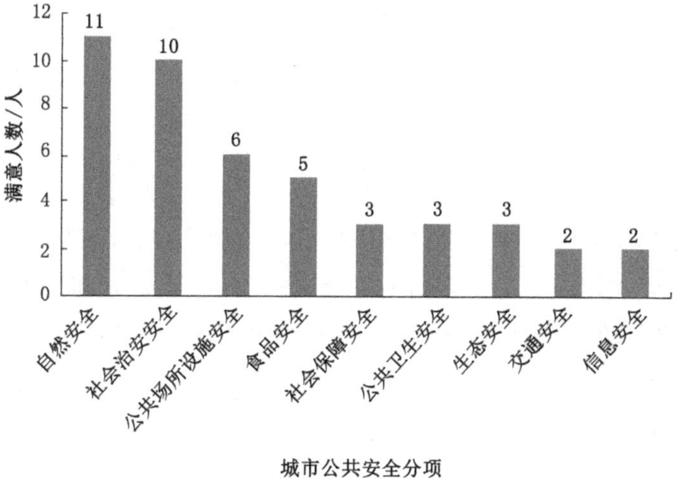

图1 令人满意的呼和浩特市城市公共安全状况

2. 令人不满意的呼和浩特市城市公共安全状况

在本次访谈过程中，受访者除了对自然安全、社会治安安全、公共场所设施安全等方面比较满意外，对其他方面的城市公共安全满意度还有待提高。根据访谈结果，令受访者不满意的城市公共安全状况前3位分别是信息安全、食品安全和交通安全。在20位受访者中，有17位受访者对呼和浩特市的信息安全感到不满意，有16位受访者对呼和浩特市的食品安全感到不满意，有14位受访者对呼和浩特市的交通安全感到不满意。受访者的不满意状况反映出呼和浩特市政府在信息、食品、交通等方面的公共治理还有待加强。令人不满意的呼和浩特市城市公共安全状况，见图2。

（二）呼和浩特市城市公共安全分项评价高的原因

自然安全方面，一是呼和浩特市位于内陆地区，不易受台风影响；二是面对

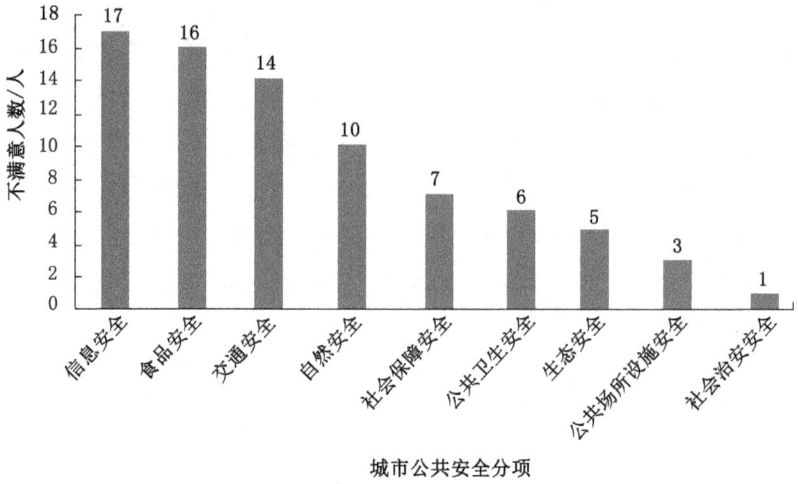

图 2　令人不满意的呼和浩特市城市公共安全状况

自然灾害，政府积极采取各种自然灾害防范治理措施，配合现代科技愈发精确地预测，有效地减轻或避免了自然灾害造成的严重后果。社会治安安全方面，科技发展的优势有了比较深刻的体现，市区内高清摄像头的普及成为居民对社会治安安全满意的重要原因之一，此外政府各项治安专项治理活动，取得了令居民较为满意的成绩。公共场所设施安全方面，公共场所设施能够满足居民需要，日常维修较为及时。

1. 地理位置优越，自然灾害稀少

呼和浩特市属中温带大陆性季风气候，雨量适中，冬冷夏热，四季分明。呼和浩特市因其优越的地理位置，台风天气很少降临。同时，现代自然灾害预测技术不断进步，以及政府积极采取各种自然灾害防范治理措施均有效减轻或避免了自然灾害带来的严重后果。受访者普遍表示对呼和浩特市的自然安全不会感到忧虑。

有受访者说："我对呼和浩特市自然安全方面比较满意，内陆城市基本没有台风，平时会有一些自然灾害，但是次数极少，也不会很严重。像洪水、旱灾、地震等自然灾害，很少发生。"

2. 社会治安整治力度大，安保设施齐全

呼和浩特市是一个旅游城市，流动人口较多，客流量较大，近几年来，呼和浩特市的社会治安得到了很大改善。一方面，呼和浩特市政府常态化开展治安专项行动,紧盯重点行业、重点领域不放松,坚持日常抽查与不同时段重点检查相结合,开展常态化监管,恶性刑事案件和群体性事件大大减少;另一方面,呼和浩特市政府通过技术手段对监控安保设施不断升级换代,公共场所监控镜头朝着无死角的方向发展,安保设施不断加强。

曹先生表示:"现在呼和浩特市的治安事件和前几年相比明显少了很多。政府对这方面越来越重视,电视上到处能看到关于社会治安整治方面的新闻。"

周女士认为:"小区无处不在的监控给人以安全感,无死角的监控几乎覆盖小区的每一个角落。监控技术的改进和设备的安装使得我对本地的治安安全感到很满意。"

3. 公共设施配备完善,日常维修效率较高

呼和浩特市作为内蒙古自治区的首府,城市基础设施相对完善,能基本满足居民需求。市政道路、给排水系统、城市防灾系统等建设较为完备。此外,政府工作人员的工作态度和工作效率都有了较大提高,日常基础设施的维修养护工作,获得了居民肯定。

张先生表示:"呼和浩特市现在的公共设施配备非常完善,能够满足当地居民的日常需求。此外,以前市里发生道路窨井盖丢失、小区停电等问题,相关部门一般需要较长时间才能解决,现在打个电话维修人员就到了,而且工作人员态度也比以前好很多,我们还是比较满意的。"

(三)呼和浩特市城市公共安全分项评价低的原因

在本次访谈过程中,受访者除了对自然安全、社会治安安全、公共场所设施安全等方面比较满意外,对其他方面的城市公共安全满意度还有待提高。很多受访者直接表达了自己十分担忧的城市公共安全方面,信息安全、交通安全、食品安全等方面的问题较突出。信息安全方面,大数据时代下,信息透明化程度高,受访者普遍反映信息安全遭受威胁,个人信息泄露、骚扰电话不断、网络诈骗时有发生,这些问题比较突出,引起了公众普遍关注。交通安全方面,不文明的交通行为屡禁不止,缺乏针对行人、非机动车的惩处措施。食品安全方面,受访者普遍担心蔬菜农药残留过量、餐厅违法使用地沟油、外卖食品生产环境恶劣等问题。

1. 网络诈骗手段多样化,信息监管不到位

随着现代信息技术的发展,网络诈骗手段越来越多,公众对此防不胜防。例如,普通的一个链接,点开后就有可能导致个人信息的泄露,进而造成个人财

产的损失。另外，政府在信息安全方面的法律法规还不健全，信息监管不到位，很容易使诈骗团伙钻法律的空子。

周先生认为："现在网络诈骗是一个很严重的问题，我身边有朋友就遇到过，对方称自己是淘宝客服，有个订单商品出现问题，可以点击一个网页链接，填写个人信息，申请退款。结果不仅没有退款，还因此被骗了几万元钱，最后也没有追回。"

2. 交通安全存在隐患，居民出行受到影响

随着共享经济的兴起，共享单车等新型便利的交通工具出现，然而实际使用过程中有时其却与"便利"的初衷违背，"闯红灯、逆行、抢道"等各种不文明的行为随处可见。此外，呼和浩特市并未对一些违反交通规则的行为采取严格的惩罚措施，受访者表示对此十分担忧。交通工具的多样性以及行人、驾驶员参差不齐的素质等多方面因素导致了呼和浩特市交通安全面临严峻局面。

受访者表示："呼和浩特市个别居民的素质有待提高，尤其是骑电动车和共享单车的，经常闯红灯。呼和浩特市这边的机动车与非机动车抢道的问题也较为突出，互不相让，以致行人走在路上战战兢兢，希望政府能切实解决交通安全方面的问题。"

3. 食品问题屡屡曝光，引发公众担忧

目前各种食品安全问题频频发生，关于食品行业的各种负面新闻借助互联网传播得更加广泛、快速，公众对食品安全的关注达到了前所未有的高度。食品安全问题波及的范围也愈发广泛，包括学校食堂、网红奶茶、大棚菜等。另外随着外卖食品行业的蓬勃发展，食品安全存在隐患进一步加大。

李女士表示："食品安全方面，真的是让人十分担心，我是尽量在家做饭，但是即使在家做饭，还是担心蔬菜上面的农药残留是不是过量、肉类食品是不是新鲜等。偶尔小孩子想要去外面吃，我们都尽量不去小作坊，一方面担心食材、餐具不干净，另一方面担心厨师没有健康证。总之，现在在食品安全上操的心很多。"

三、提升呼和浩特市城市公共安全的有关建议

城市公共安全治理任重道远，政府肩负着重大的责任。政府作为城市公共安全治理的主体，不仅是城市公共安全治理的直接推动者，同时也是政策的制定者和实施者。当然，城市公共安全治理政策创新要充分动员公众参与，开创

新型治理之道。呼和浩特市受访者从自身实际和生活体验出发,表达了自己对于城市公共安全各分项满意和不满意的观点及原因,并积极为解决现存城市公共安全问题建言献策。

(一)与时俱进,充分发挥大数据优势

在访谈过程中,受访者提到政府要充分发挥大数据优势进行城市规划。从与受访者的沟通过程中能够发现,目前政府在充分利用大数据这方面做得还不是很好。

李女士表示:“现在已经是大数据时代了,政府治理应该提升大数据思维。例如,在规划地铁等交通路线时要具有全局视角,综合考虑各种问题。因为基础设施的影响不是一天两天,如果通车后发现规划得不合理,再进行整治,将会浪费大量的人力、物力、财力”。

(二)强化政府监管,对违法违规行为坚决说不

政府监管部门是城市公共安全的“守门人”,肩负着保卫城市居民生命财产安全的重要职能。受访者表示政府要加强监管,严惩违法违规行为,使扰乱城市公共安全的不法分子不能为、不敢为、不想为,切实保障居民的生命财产安全。

有受访者提出:“政府部门领导要树立安全责任意识,具备相应的安全防范知识,并带头做好安全防范工作。政府部门执法队伍要提高综合素质和业务水平,做到主动出击,预防犯罪而不是善后,切实保障人民生命财产安全。”

针对食品安全问题,有受访者指出:“应该监管常态化,而不是偶尔应付检查,或者出了问题以后再采取补救措施,应多一些防范,少一些事后的处理。”

针对交通安全问题,有受访者认为:“呼和浩特市易发生酒驾的场所相对集中,应该加强对相关场所的管理,提醒驾驶员‘喝酒不开车,开车不喝酒’。对于酒驾行为一经查处,必须严惩,消除驾驶员侥幸心理。”

(三)加强法治建设,提升社会治理水平

一是,政府要加强立法,加大执法力度,通过立法形成相应的突发事件管理法律体系,以确保法律对突发事件有明确的界定和规定,同时要与其他相关法律相衔接,形成完整的法治框架。二是,政府要设立专门的突发事件管理机构或部门,负责协调、监督和执行突发事件应对工作,该机构或部门应该具备专业的人员和资源,能够迅速响应和组织应对工作,并与其他政府部门、机构和社会

力量进行协调合作。三是，政府要加大执行力度和落实力度，不断优化法律体系和应急管理机制，提高突发事件的应对效能，促进社会稳定，提升居民公共安全感。

受访者受限于专业背景，对于法治建设虽然没有专业的意见和建议，但是他们呼吁加强法治管理的呼声却非常强烈。有受访者提出："要加强立法，加大执法力度，只有这样才能减少一些损害公共安全的隐患。譬如，针对闯红灯、逆行、抢道、不礼让行人等行为，可以通过扣分、罚款、平台曝光以及直接挂钩个人信用等方式来进行治理，而不仅仅是简单的口头教育。"

（四）维护社会公平，健全社会保障制度

一方面，政府在解决城市公共安全问题时，不能仅解决表面问题，更要深入剖析深层原因，努力通过再分配调节收入差距，制定更加公平的社会保障政策，切实增加城市居民的安全感。另一方面，政府要优化基本保障项目设计，加快实现职工基本养老保险和职工基本医疗保险法定人群全覆盖，积极推动灵活就业人员、新业态从业人员参加职工社会保险制度，建立健全分层分类的救助制度体系，逐步缩小不同群体之间的基本保障待遇差距，增强制度公平性、可持续性以及对经济社会发展和人口结构变化的适应性。

受访者说："我没有社会保险，呼和浩特市这边的收入低，买房、看病等都要花很多钱。因为没有正规工作，自己经济条件有限，承担不了商业保险的费用。希望政府能够完善社会保障制度，让居民都享受到实实在在的优惠。"

（五）充分利用新媒体，加强宣传

随着科学技术的发展，微博、微信等新媒体成为公众较为喜欢的互动平台。在采访过程中，受访者表示访问政府网站不是很方便，希望政府可以更多借助官方微博、微信公众号等宣传公共安全知识。这样不仅方便了公众，而且拉近了政府与公众之间的距离，公众也就愿意参与政府举办的一些安全教育、培训活动。宣传方式的创新，能够让宣传工作事半功倍，让宣传知识真正走进公众心中。

有受访者表示："现在大学生都喜欢刷微博、看微信，除了学业任务，很少用电脑上网，政府政务服务、宣传也应该更加便民化，可以通过官方微博、微信公众号多发布一些便民信息、公共安全知识等，使政府宣传工作更贴近公众现实生活。"

昆 明 篇

访谈时间： 2019 年 7 月 12 日—7 月 16 日

访谈地点： 五华区、盘龙区、官渡区、呈贡区、晋宁区

访谈人员： 辛娅

一、调查背景

调查背景部分包含目标城市昆明市的城市介绍、访谈概况和受访者基本信息。城市介绍部分对城市概况进行描述，便于读者对该城市有一个直观的印象；访谈概况部分对本次访谈做了介绍，包括实施访谈的时间、地点、目标等；受访者基本信息部分对本次访谈的所有受访者身份信息进行梳理，包括受访者性别、年龄、职业等，使受访者情况一目了然。

（一）昆明市介绍

昆明市位于云南省中部地区，是云南省的省会，西南地区的中心城市之一，地处中国—东盟自由贸易区、澜湄合作区域、泛珠三角经济圈交会点，是中国面向南亚、东南亚乃至中东、南欧、非洲的前沿和重要门户。昆明市地处东经 102°10′～103°40′，北纬 24°23′～26°33′，总体地势北部高，南部低，由北向南呈阶梯状逐渐降低，中部隆起，东西两侧较低。昆明市属低纬度高原山地季风气候，冬无严寒，夏无酷暑，四季如春。昆明市南北长 237.50 千米，东西宽 152 千米，总面积 21 012.54 平方千米。①

（二）访谈概况

城市公共安全评价是衡量城市公共安全状况、评价政府公共安全治理成效

① 来源于昆明市人民政府网站。

的重要指标之一。本次访谈时间从 2019 年 7 月 12 日至 2019 年 7 月 16 日,访谈人员走访了昆明市的五华区、盘龙区、官渡区、呈贡区和晋宁区等 5 个区,对昆明市进行了比较深入的调查。通过访谈获取受访者对于城市公共安全的实际感受,为城市公共安全领域的后续研究提供第一手资料。

(三)受访者基本信息

在受访群体的选择上,尽量考虑到不同性别、不同年龄和不同职业的昆明市居民,且选取在昆明市居住半年以上的城市居民作为受访者,以保证访谈内容的可信性。总体来看,受访样本兼顾了年龄、性别、职业等的分布合理性。

在受访的 20 位居民中:从性别上看,男性受访者有 9 名,女性受访者有 11 名;从年龄分布上看,20 岁以下的受访者有 4 人,20～30 岁的受访者有 10 人,31～40 岁的受访者有 5 人,40 岁以上的受访者有 1 人。此次受访者集中在中青年人群,他们是城市建设的主干力量,对城市发展的各个方面体会比较深刻,对城市公共安全的感受与体验十分丰富。从职业分布上看,这些受访者中有学生、公务员、个体经营者、企业工作人员等,其中企业工作人员的人数最多,职业分布范围比较广泛,最大程度上兼顾了不同职业背景的人群对于城市公共安全问题的感受。

二、昆明市城市公共安全评价

城市公共安全评价反映的是城市居民对整个城市环境的安全感知程度。"安全感"是主体内心的安全感受,如果居民对该城市的公共安全评价越高,那么在一定程度上反映该城市的公共安全治理水平越高。本次访谈在前几次访谈经验的基础上,从更加科学、严谨的角度设计了"城市公共安全的影响因素调查"深度访谈提纲,通过了解昆明市居民的城市公共安全评价,呈现出昆明市的城市公共安全现状、面临的挑战以及存在的问题,为昆明市城市公共安全治理提供一些建设性的建议。

(一)昆明市城市公共安全整体评价

本次访谈通过受访者对自然安全、生态安全、公共卫生安全、食品安全、交通安全、公共场所设施安全、社会治安安全、社会保障安全、信息安全等 9 个方面的评价,得出受访者对昆明市城市公共安全状况最满意和最不满意的若干方面。

1. 令人满意的昆明市城市公共安全状况

令人满意的昆明市城市公共安全状况,见图 1。由图 1 可知,令受访者满意的城市公共安全状况，取满意人数的前 3 个数值，即 17 人、16 人、15 人，分别是社会治安安全、自然安全、公共卫生安全和信息安全。其中，自然安全、公共卫生安全并列第 2。20 位受访者中，有 17 位受访者对昆明市的社会治安安全感到满意，有 16 位受访者对昆明市的自然安全和公共卫生安全感到满意，有 15 位受访者对昆明市的信息安全感到满意。

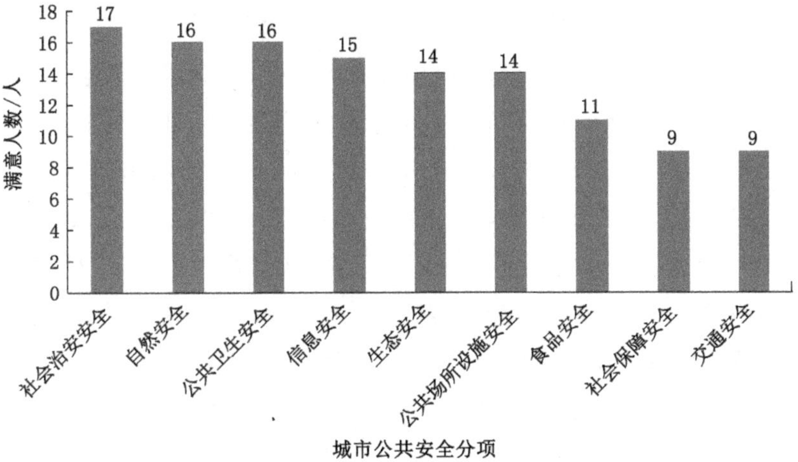

图 1　令人满意的昆明市城市公共安全状况

2. 令人不满意的昆明市城市公共安全状况

令人不满意的昆明市城市公共安全状况，见图 2。由图 2 可知，令受访者感

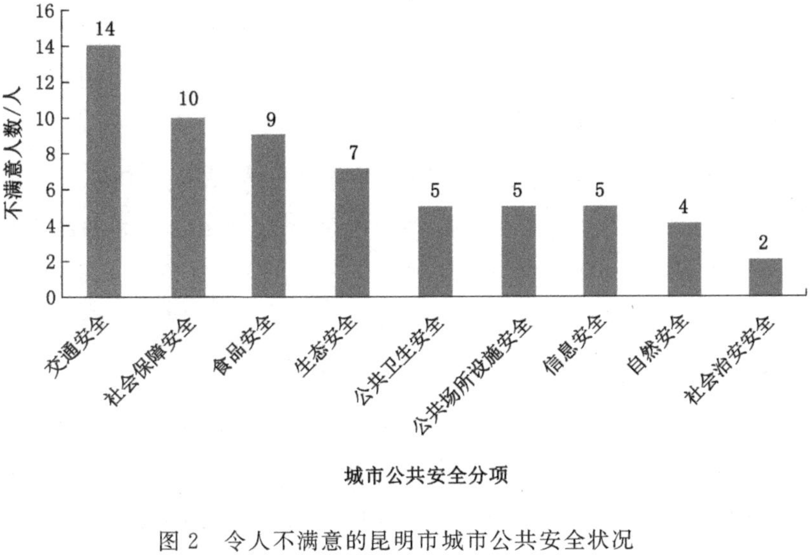

图 2　令人不满意的昆明市城市公共安全状况

到不满意的城市公共安全状况前3位分别是交通安全、社会保障安全和食品安全。在20位受访者中，有14位受访者对昆明市的交通安全感到不满意，有10位受访者对昆明市的社会保障安全感到不满意，有9位受访者对昆明市的食品安全感到不满意。受访者的不满意状况反映出昆明市政府在交通安全、社会保障安全、食品安全等方面的公共治理还有待加强。

（二）昆明市城市公共安全分项评价高的原因

社会治安安全方面，昆明市社会治安秩序良好，高清监控摄像头覆盖全域，警力配备充足，出警效率较高，城市治安状况大有改善。自然安全方面，昆明市地处云贵高原，纬度低，四季如春，全年降水量适中，内陆城市，盆地地形，地质相对比较稳定，省会城市防灾减灾基础设施建设比较完善。公共卫生安全方面，昆明市大力推进公共卫生服务体系建设，深化医疗卫生改革，严格规范基本公共卫生服务项目，全市疾病防控能力进一步提升；信息安全方面，信息诈骗、信息骚扰等相对其他城市比较少。

1. 社会治安硬件建设不断完善，执法力度持续提升

昆明市公安持续加大警力装备投入、深化机制创新，从被动应付到主动打击，牢牢把握社会治安主动权。2018年以来，昆明市公安启动新一轮巡逻防控勤务改革，切实加强和改进社会面巡逻防控工作，推行新一轮巡逻防控警务一年多来，全市社会面见警率大幅提升，社会治安明显好转，街面警情同比下降24.9%，“两抢”（抢劫和抢夺）警情同比下降60.5%①。昆明市社会治安建设力度不断加强，治安岗亭、重要路段、重要街区等公共区域的社会治安硬件设施不断增加，保卫着昆明市居民的日常生活。昆明市公安严格执法，加大执法力度，对危及社会治安的行为依法严惩。

章女士是一名人民警察，她对于城市治安建设方面深有体会：“辖区内一旦发生什么问题，作为警察必须第一时间赶到现场。现在警力配备相对充足，不仅有正式的编制警员，还有辅警，另外，高科技监控摄像头可以覆盖绝大部分区域。”

2. 自然地理位置优越，城市基础设施完善

昆明市属低纬度城市，地处云贵高原，总体地势北部高，南部低，属低纬度

---

① 昆明公安守护春城平安[EB/OL].（2019-08-02）[2020-03-05]. https://www.km.gov.cn/c/2019-08-02/3077952.shtml.

高原山地季风气候，夏无酷暑，冬无严寒，四季如春，气候宜人。昆明市干湿两季之间雨量变化不大，不易形成较大的洪涝、干旱等自然灾害。昆明市地处西南内陆，不受台风影响，加上盆地地形，地质相对比较稳定，地质灾害发生率较低。昆明市是云南省省会，城市基础设施建设比较完善，可以有效降低自然灾害风险发生时造成的损失。

有位在昆明市已经居住7年的受访者说："昆明市在自然安全方面做得非常好，基本没发生过严重的自然灾害。"

张先生已经在昆明市生活了8年，他说："昆明市作为省会城市，城市基础设施比较完善，尤其是排水系统规划比较合理，市内很少会出现积水。"

3. 基本公共卫生服务项目规范，疾病防控能力提升

城市公共卫生具体包括对城市重大疾病尤其是传染病的预防、监控和治疗，对食品、药品、公共环境卫生的监督管制，以及相关的卫生宣传、健康教育、免疫接种等。昆明市采取多种形式，大力宣传、普及公共卫生安全知识，提高居民的健康素养，并严格按规范免费向居民提供预防接种、儿童健康管理、老年人健康管理等14项国家基本公共卫生服务项目。整体来看，昆明市公共卫生服务体系建设进一步完善，食品药品监管进一步加强，医药卫生专业人员持续增多，社区公共卫生服务水平不断提高，医疗资源配置不断优化。

章女士认为："现在昆明市公共卫生建设还是不错的，医疗管理方面比较有秩序。例如，对小孩子接种疫苗有明确要求，如果孩子入学没有按规定接种疫苗的证书，是上不了学的"。

有受访者认为："我所在学校的校医院，医疗条件、卫生状况都是可以的，关于公共卫生知识宣传方面，在学校里随处可见。"

4. 信息安全宣传力度较大，居民防范意识有所提升

很多受访者表示对昆明市的信息安全建设感到很满意，这从侧面反映出昆明市的信息安全水平较高。昆明市一直注重强化居民的安全责任意识，提醒居民警惕各类信息安全威胁，采用多种多样的宣传方式，争取将信息安全知识普及到每一位居民，同时严厉打击破坏信息安全的行为。昆明市政府致力于与企业、社会组织和居民共同打击非法贩卖信息、信息诈骗等行为，形成了全社会维护信息安全的良好风气。通过信息安全知识的宣传普及，居民信息安全意识大幅提升，在面对各种信息骚扰、诈骗等行为时，能够比较理智地应对，将财产损失降到最低。

王女士认为:“关于信息诈骗,居民都有相关意识,一般不会出现被诈骗的情况。即使个别居民遇到了信息诈骗,警察可以很好地处理。”

(三)昆明市城市公共安全分项评价低的原因

本次访谈发现,部分受访者对昆明市的其他城市公共安全方面存在不满,排名前3位的分别是交通安全、社会保障安全和食品安全。交通安全方面,昆明市交通拥堵现象严重,现有路网布局不尽合理,城市道路利用率低,基础设施施工占道严重,道路发展滞后于城市建设。社会保障安全方面,昆明市平均工资水平较低,与消费不成比例;居民了解就业信息的途径有限,学历低的人获得的就业培训很少,工资待遇较低;养老保障方面过于关注物质保障,忽视了精神保障。食品安全方面,蔬菜农药残留超标问题比较常见,餐厅卫生条件不能让消费者放心,管理上存在漏洞。

1. 城市道路交通规划不尽合理,交通供需矛盾严重

部分受访者表示交通方面给他们带来了不安全感,这种不安全感来源于出行方面的拥堵、不合理的道路规划以及施工占道严重等。昆明市作为云南省的省会,经济发达,大量人员涌入,随之增加的是机动车保有量。过快的城市扩张使城市的很多基础设施落后于城市发展速度,相应地带来了一系列的交通问题。昆明市现有地铁线路远远不能满足昆明市居民的出行需要,而且由于修建地铁,大量的道路被占用,居民出行只能绕行,非常不方便。另外,不少受访者表示昆明市道路过于狭窄,在上下班高峰期间很容易造成交通拥堵和发生交通安全事故。

王女士觉得昆明市的交通状况有很多令人不满意的地方:“道路交通不畅,即使不是周末也不是上下班高峰期,也会很拥堵。城市地铁就只有二三条线,很多地方都没有通地铁。”

乔女士来昆明市已经3年了,对交通方面也有很大的不满:“我来这么多年都没有适应昆明市的交通,规划存在不合理的地方。例如,去打车时,司机经常绕路,道路岔口比较多。昆明市作为一个旅游城市,应有旅游线路,可是实际上交通的各个方面都跟不上。”

2. 企业工资待遇低,社会保障难满足公众需求

部分受访者认为昆明市基本工资水平两三千元,但消费水平并不低,居民生活质量不高,渴望提高工资待遇。部分受访者认为昆明市在社会保险方面,尤其是医疗保险方面,保险的保障力度太小,很多方面都远远不能满足需要,且

报销程序烦琐,非常不方便。另外,还有不少受访者认为昆明市的就业环境不好,居民获取就业信息的途径非常少,文化水平不高的人想要参与就业缺少相应的就业机会以及就业培训。

在昆明市印刷厂打工的李先生觉得,昆明市基本工资只有两三千元,公务人员、教师工资大概四五千元,当被问及"昆明就业前景怎么样?"时,李先生回答:"就业形势不好,很难找到合适的工作。"

出租车司机任先生目前只有医疗保险。当问到"你觉得找一份工作容易吗?",任先生还是给出了否定的回答,"现在没学历的不好找工作。"

3. 食品市场竞争无序,相关部门监管不严

民以食为天,食品安全问题是关系到居民切身利益的社会问题。受访者表示,昆明市的食品安全问题令人担忧。一方面,食品行业的自律约束机制不健全,企业质量安全管理能力较低,小作坊、小摊贩、小餐饮等难以计数,监管乏力;另一方面,食品行业法律体系不健全和政府执法不严,大量的食品生产和加工企业处在法律监督的盲区,食品行业标准相对落后。

李先生曾经接触过餐饮行业:"外面餐馆的卫生一般,一些小饭店的食品卫生存在安全隐患。"

张先生认为:"现在城市里得病的人越来越多,这和我们日常吃不干净的食物存在一定关系。政府需要对食品行业加大监管力度。"

三、提升昆明市城市公共安全的有关建议

随着各类城市公共安全事件的频繁发生,政府公共安全治理能力面临着严峻挑战。居民对城市公共安全各个方面的满意程度是该城市公共安全治理的指向标,为政府政策制定、提高居民幸福指数指明了方向。昆明市的受访者从自身生活实际出发,为昆明市的城市公共安全治理提出了一些想法及建议。

(一)加大惩处力度,提高守法意识

有多位受访者提出,面对违法乱纪行为,应当加大处罚力度,维护法律尊严,这样才能切实减少不安全事件的发生,提高居民公共安全感。在交通违法行为中,闯红灯、超速行驶、随意变道等行为屡禁不止,只靠宣传引导,效果不佳,建议相关政府部门严肃执法,加重处罚,维护交通秩序,提高居民交通安全感。

周女士认为，交通方面拥堵问题一部分是行人闯红灯现象造成的，“本来道路没有那么堵，有些人不遵守交通规则，绿灯还没有变换过来的时候，一部分非机动车或行人便急匆匆地抢着通过。现在交通管理以机动车为主，非机动车或行人管理得不是很严。”

（二）加强城市基础设施建设，加快城中村改造计划实施

城市基础设施是城市生存和发展所必须具备的工程性基础设施和社会性基础设施的总称，是城市顺利进行各种经济活动和其他社会活动的必备条件。城市基础设施的修建，不仅有利于提升城市居民的生活质量和公共安全感，还能在灾害发生之时减少经济损失，有效保护居民的生命财产安全，促进社会和谐稳定。受访者表示昆明市城中村基础设施修建并不完善，在遭遇暴雨时排水比较困难，而且道路、交通等工程基础设施也有待完善，城市治安等方面也远远落后于其他地区，目前的城中村的改造计划妨碍了城市的综合发展。

李先生在呈贡区工作，对当地的情况比较了解，他观察到该区下雨时会有积水，排水设备做得不够好。他说：“下雨时，呈贡区地下的通道会发生堵塞，且清理不够及时。”

（三）调动居民参与城市建设积极性，畅通民意表达渠道

当问及受访者“您可以给政府提什么样的建议？”或者“您碰到这种事情会向有关部门反映吗？”这样的问题时，受访者往往会给出否定的回答，这说明受访者参与城市建设的积极性不高，甚至没有习惯去给政府部门建言献策。政府部门的工作若得不到居民反馈，就很容易造成政府政策实施的目的与效果背离。老的问题得不到解决，新的问题层出不穷。所以，政府部门一方面要积极调动居民参与城市建设的积极性，另一方面要走近居民，切实了解发生在居民身边的难事，及时予以解决，并搭建方便居民投诉、提建议的渠道，多听居民声音，拉近与居民的距离。

向先生平时比较关注政府部门的工作作风问题：“现在还是存在极个别政府部门遇事推诿、到处踢皮球的现象。另外，极个别政府工作人员的工作态度不好，我前段时间因为小孩要上学，去办居住证，相关工作人员态度不是很好。”

（四）提供就业辅导，完善就业信息

部分受访者在接受访谈时正在找工作，或者正打算换工作，但是由于文化水平不高，或者能力有限，找不到理想的工作。受访者认为很多企业的招聘信

息不透明，居民很难接触到优质的就业资源。另外，由于求职者文化水平有限，工作待遇较好的工作机会更少。因此，受访者建议政府能够多提供一些优质企业的就业信息，或吸引企业参加现场招聘，增加求职者求职成功的概率。另外，政府可以开展一些就业培训课程，免费开展职业技能培训，帮助文化水平低的人获得更多就业机会，同时落实创业政策优惠，鼓励年轻人创业。

何先生是一名商场保安，谈到他的工作时，说："保安工资不高，不会超过2 500元，有些单位招人时直接从内部招聘，招聘信息不公开。"

王女士在准备公务员面试，谈到"昆明市的就业前景"时，说："就业压力越来越大。昆明市本土企业少，外来企业也不是特别多，所以就业机会不多。另外，公务员招考，每年岗位只有200多个，但却有几十万人去报名，可见竞争压力有多大。"

（五）加强公共安全知识宣传，提高居民安全素养

部分受访者表示由于目前的工作时间以及个人习惯，较少关注身边的公共安全宣传，建议相关部门采取多种形式宣传方式，例如视频、音频、宣传册、宣传海报等；可以在网上发起知识竞赛活动，带动居民学习法律法规知识，提高个人安全文化素养，减少违法乱纪行为发生；还可以利用现代化的宣传方式，例如通过快手、抖音等平台，以达到更大范围的公共安全知识普及，强化宣传效果。

王女士认为政府关于信息安全的宣传还是比较有用的，而且提出了自己的建议："比如，抖音上会频繁地出现防范诈骗的宣传以及一些公益广告之类的小视频，但这类宣传并不会详细地介绍应如何防范。此时，政府在进行此类宣传时，可结合工作实际，把各种防骗措施讲清楚。"

章女士是一名人民警察，谈到信息诈骗等不安全事件时，她说："防范电信诈骗，有效的方法之一是提高城市居民的防范意识，接到诈骗电话，一定不要幻想着一夜暴富。"

南 昌 篇

访谈时间： 2019 年 7 月 5 日—7 月 8 日

访谈地点： 东湖区、西湖区、青山湖区、新建区

访谈人员： 赵雅琼

一、调查背景

调查背景部分包含目标城市南昌市的城市介绍、访谈概况和受访者基本信息。城市介绍部分对南昌市的现状进行一定的描摹，以便使读者对该城市有一个全方位的认识；访谈概况部分对本次访谈做了介绍，包括实施访谈的背景、时间、地点、目标等；受访者基本信息部分对本次访谈的所有受访者的身份信息进行梳理，包括受访者性别、年龄、职业等。

（一）南昌市介绍

南昌市，江西省省会，是全国文明城市、国家历史文化名城、国家卫生城市、国家水生态文明城市、国家森林城市、国家园林城市、全国双拥模范城市、国家创新型城市、国际湿地城市。南昌市水资源丰富，“襟三江而带五湖”，拥有“一江十河串百湖”的发达水系网络，水域面积占全市面积的 29.78%，环境优美，气候宜人。南昌市下辖 3 县（南昌、进贤、安义），6 区（东湖、西湖、青云谱、青山湖、新建、红谷滩），3 个国家级开发区（南昌国家经济技术开发区、南昌国家高新技术产业开发区、南昌小蓝经济技术开发区）以及临空经济区、湾里管理局，面积 7 195平方千米。①

（二）访谈概况

习近平总书记指出：“公共安全建设对于构建和谐社会，推动全面小康建

① 来源于南昌市人民政府网站。

设，乃至于中华民族的伟大复兴都具有非常现实和深远的意义。”城市公共安全是城市经济发展与社会进步的前提条件，是全社会共同关注的热点问题。近年来，我国城市突出公共安全事件不断，城市公共安全管理面临前所未有的严峻挑战。中国矿业大学基于“中国城市公共安全管理智库”这一平台，对我国部分城市公共安全状况进行了访谈。此次在南昌市的访谈，时间为2019年7月5日至2019年7月8日，地点为东湖区、西湖区、青山湖区、新建区。访谈采用深度访谈的形式，挖掘城市居民对于各类城市公共安全的真实感受，为城市公共安全领域的后续研究提供第一手资料。

（三）受访者基本信息

在受访群体的选择上，遵循抽样调查的原则，选择不同性别、不同年龄、不同职业和不同区域的南昌市居民。同时将居住半年以上作为受访者的筛选标准，保障数据能够真实有效地反映南昌市实际状况。样本构成兼具了年龄、性别、职业等的分布合理性，保证受访内容的客观性与真实可信性。

在受访的20名居民中，从性别上看，男性受访者8人，女性受访者12人，受访者女性比例略高于男性比例。从年龄分布上看，18～29岁的受访者10人，30～44岁的受访者6人，45～59岁的受访者3人，60岁及以上的受访者1人，在年龄层上做到了阶梯状分布，没有出现年龄断层。同时从数量与比例情况来看，中青年群体是访谈的主要对象，他们对于公共事务有较强的热情与参与度。中青年群体是社会发展的中坚力量，他们在广泛投身社会建设，注重对国家事务的参与。从职业分布上看，有学生、基层社区工作者、个体经营者以及公司工作人员等，职业范围比较广泛，一定程度上兼顾了不同职业背景的人群对于城市公共安全的感受。

二、南昌市城市公共安全评价

城市化的进程一方面为城市居民带来便利的生活环境与生活条件，另一方面城市的快速发展不可避免地产生一定的公共风险。这些风险与挑战来自社会生活的各个方面，为了更好地了解城市的公共安全状况，最直接的方式就是对城市居民进行访谈，而城市居民对于生活的感知与认识也将城市公共安全问题从表面的安全现象描述变为了群体认知“安全感”的测量。

本次访谈从更加全面的角度编制了城市居民公共安全状况访谈提纲，通过深入了解南昌市居民的城市公共安全状况，呈现出南昌市的城市公共安全现状、面临的挑战以及存在的问题，为城市公共安全治理提供一些建设性的建议。从主观角度讲，如果一个城市居民公共安全感越强，那么就意味着居民对城市的公共安全评价越高；反之，如果一个城市居民公共安全感越低，那么就意味着居民对城市的公共安全评价越低。

（一）南昌市城市公共安全整体评价

城市公共安全评价是城市居民对整个城市环境的安全感知程度。本次访谈建立了一套测量标准，通过受访者对自然安全、生态安全、公共场所设施安全、食品安全、公共卫生安全、交通安全、社会治安安全、社会保障安全、信息安全等 9 个方面的评价，发现受访者对南昌市现存城市公共安全状况最满意和最不满意的若干方面，揭示出显性和隐性问题，有助于摸清城市整体安全真实状况，为城市公共安全治理提供有价值的决策参考。

1. 令人满意的南昌市城市公共安全状况

通过对访谈稿的归纳总结，得到了 20 位受访者对南昌市城市公共安全 9 个方面的态度。令人满意的南昌市城市公共安全状况，见图 1。从图 1 可知，令受访者满意的城市公共安全状况，取满意人数的前 3 个数值，即 20 人、17 人、16 人，分别是自然安全、生态安全、公共场所设施安全和社会治安安全，其中公共场所设施安全和社会治安安全的满意度呈现相同水平。在 20 位受访者中，所有受访者都对南昌市的自然安全感到满意，17 位受访者对南昌市的生态安全感到满意，分别有 16 位受访者对南昌市的公共场所设施安全和社会治安安全感到满意。受访者的满意程度可以反映出他们对南昌市政府在自然、生态、公共

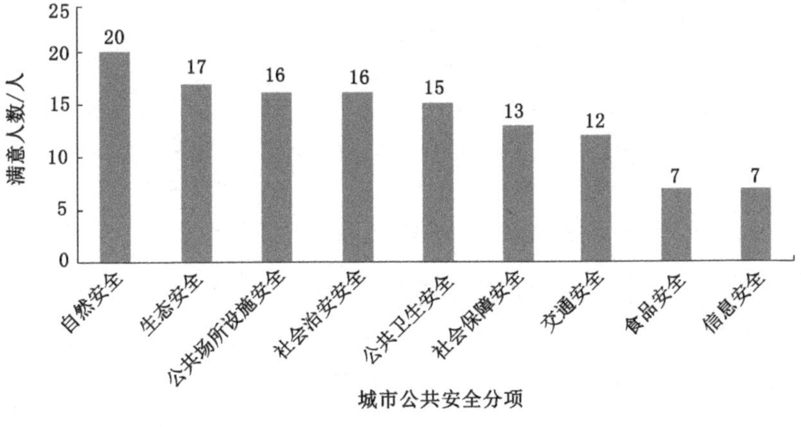

图 1　令人满意的南昌市城市公共安全状况

场所设施以及社会治安等方面公共治理的认可度和信任感。特别是在自然安全方面，所有受访者都比较认可，说明南昌市在这一方面城市公共安全状况较好。

2. 令人不满意的南昌市城市公共安全状况

令人不满意的南昌市城市公共安全状况，见图2。从图2可知，令受访者不满意的城市公共安全状况，取不满意人数的前3个数值，即13人、8人、7人，分别是食品安全、信息安全、交通安全以及社会保障安全，其中食品安全与信息安全的不满意程度相当，都是受访者较为担忧的公共安全方面。在20位受访者中，分别有13位受访者对南昌市的食品安全以及信息安全感到不满意，有8位受访者对南昌市的交通安全感到不满意，有7位受访者对南昌市的社会保障安全感到不满意。受访者的不满意状况反映出南昌市政府在食品、信息、交通以及社会保障等方面的公共治理还有待加强。

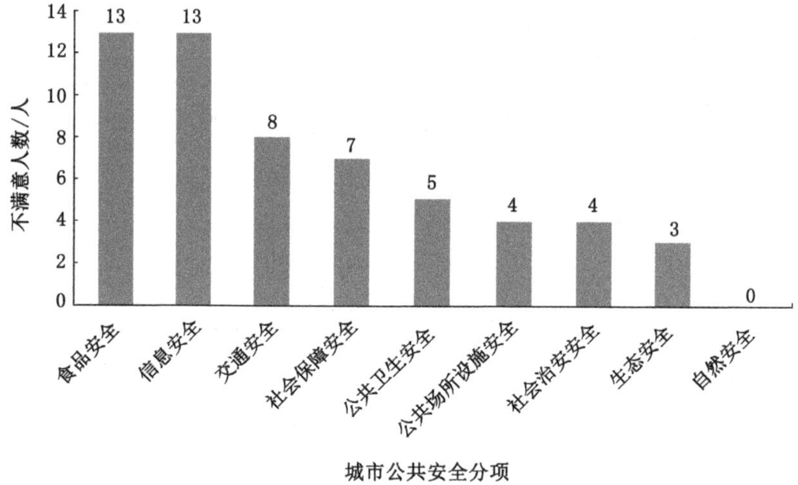

图2 令人不满意的南昌市城市公共安全状况

（二）南昌市城市公共安全分项评价高的原因

在自然安全方面，南昌市不位于地震带上，因此地震灾害并不常出现。南昌市属于亚热带湿润季风气候，气候湿润温和，日照充足，一年中夏冬季长，春秋季短，适合植物花卉生长，是营造“花园城市”的理想地区。另外，南昌市有较为完善的排水设备，发生城市内涝的情况很少。在生态安全方面，由于控制空气污染以及水域污染的政策推行较为理想，例如高污染、高排放企业的关闭，工厂扬尘的防治，道路水炮车的配备，以及长期对于河道的清洁等，因此在生态安全方面获得了城市居民的认可。在公共场所设施安全方面，政府对于市政设施的投入，使得城市的照明、排水系统等市政设施能够基本满足城市居民的需要，同时较高的检修效率也赢得了城市居民的信任。在社会治安安全方面，尽管在2019年5月24日南昌市发生了“红谷滩事件”，但居民普遍将其看作偶然性事件，并没有降低对政府社会治安领域的信心。充足的警力配备，完善的电子监控设施，以及警方应对问题的及时性使居民对于南昌市社会治安感到满意。

1. 气候相对舒适，城市排水设施建设完善

在自然安全方面，从气候状况来看，南昌市属于亚热带湿润季风气候，气候湿润温和，日照充足，一年中夏冬季长，春秋季短。冬季多偏北风，夏季多偏南风。南昌市每年季风强弱和进退迟早不同，气温变化较大，降水分布不均，低温降雪冷害和暴雨洪涝台风等气象灾害会有发生。基于这样的现实状况，南昌市极为重视排水设施建设，通过优化防汛排涝管网体系、为排水管网“清淤排毒”、海绵城市建设等措施，最大程度解决了南昌市暴雨时期的城市排水问题。

叶女士表示：“自然安全方面，南昌市不经常发生地震，也没有发生过严重的洪涝灾害。雨量大的时候一般几个小时内积水可以退掉，基本不需要人工疏导。”

曾先生说：“南昌市有台风但很少发生地震，台风是从外地来的，大的台风来临前电视等相关媒体都会报道。有的地方会受到台风的威胁，但是没有沿海地区那么严重。南昌市很少发生内涝，下大暴雨的时候，有些路面会有积水，但是很快会退去，南昌市排水设施建设还是比较好的。”

2. 治理水源颇显成效，生态健康得以保持

在生态安全方面，南昌市自古就是一座水城，城市因水而发，缘水而兴，《滕王阁序》概括其为“襟三江而带五湖，控蛮荆而引瓯越”之地。南昌市水网密布，赣江、抚河、玉带河、锦江、潦河纵横境内，湖泊众多，有军山湖、金溪湖、青岚湖、瑶湖等数百个大小湖泊，因此南昌市政府尤为重视对水源的治理，并采取了强化饮用水水源环境保护、推进农村饮用水水源保护区划分和整治、全过程监管饮用水安全、加快推进水源地应急体系建设等系列措施。受访者表示，南昌市的水污染源主要来自城市生活垃圾，因而南昌市政府经常开展河流打捞活动，清除生活垃圾，维护了水体健康。

在空气污染治理方面，南昌市本身水资源充足，空气较为湿润，雾霾等天气

并不常见，相较于北方城市来讲，空气质量较好。此外，政府还注重加强城市绿化，并要求工厂与工地施工过程中进行喷水作业以起到降尘作用，道路上也经常可以看到清洁车进行作业。整体来讲，在改善空气质量方面，政府做出了巨大努力。

曾先生说："我们的饮用水主要来自赣江。另外，政府经常清理河道。"

社区工作的成女士说："南昌市水污染不严重，我们日常喝的是赣江水。我之前参加过一个关于赣江水如何去污的活动，看了赣江水的去污流程，我还是挺放心的。"

付先生表示："政府采取控制空气污染的措施，绿化做得也比较好。另外，我们这边河流污染不大。我比较喜欢吃醉虾，虾直接在河里面撒网捞上来用黄酒泡下就可以放心食用。政府在治理水污染方面的投资蛮大的，现在河流很干净。"

3. 基础设施完善，投入力度增加

在公共场所设施安全方面，政府对于市政设施的投入，使得城市的照明、排水系统等市政设施能够基本满足城市居民的需要。同时，较高的检修效率也赢得了居民的信任，而且检修前的通知与告知也很到位，居民对公共场所设施安全比较满意。

付先生表示："基础设施有专门的人来进行监管，并且有问题时还会要求限时整改到位。如果整改不好，则会被上级部门领导问责。"

吴女士表示："经常看到工人在对公共场所设施进行检修，我对基础设施安全方面很满意。"

4. 警力充足，安保网络稳人心

在社会治安安全方面，尽管南昌市发生过"红谷滩事件"，但居民都将其看作偶然性事件，并没有降低对政府社会治安领域的信心。尽管有极个别受访者表示晚上不敢独自出门，但南昌市相对完备的视频监控设施，充足的警力配备，以及高效的应急处置能力还是让受访者普遍对南昌市的社会治安感到满意。

在基层社区工作的张女士表示："对南昌市的社会治安十分满意，现在电动车没人偷了，小偷小摸的现象也基本没有了。深夜两三点钟走在街上都不担心会发生危险。"

负责物业工作的付先生说："南昌市的出警速度很快，不仅有治安警察，还有协警、辅警等，人数较多，出警有保障。"

（三）南昌市城市公共安全分项评价低的原因

在本次访谈过程中，有部分受访者直接表达了对于某一方面城市公共安全的不满态度，食品安全、信息安全、交通安全、社会保障安全等方面的问题比较突出。食品安全方面，长期的食品安全问题使居民对食品安全不满意。食物制作不透明、政府监管不到位都加剧了居民对食品安全的担忧。信息安全方面，伴随现代科技的发展，以及电子支付时代的到来，居民对于信息安全更加关注。受访者普遍反映个人信息泄露、骚扰电话不断以及网络诈骗等问题时有发生。交通安全方面，个别居民的交通意识淡薄，闯红灯不走人行横道的现象还较普遍，堵车与拥挤的状况也仍然存在。社会保障安全方面：受访者普遍反映南昌市的工资水平较低，社会保障覆盖的范围不够广泛，特别是基层的一些工作人员，部分公司未按要求给员工缴纳“五险一金”。

1. 食材不放心，制作不透明

在食品安全方面，问及食材安全问题，大部分受访者表示难以放心，无论是在大型超市还是在小型菜市场选购，对食材安全都有一定的担忧。而对于市内餐馆的卫生状况，受访者表示一般来说，消费水平高的餐馆，卫生状况较为可观，小饭馆与路边摊等低消费水平的餐馆，卫生状况不是很好。在新兴的外卖食品行业，受访者表示对外卖食品的卫生状况感到担忧，大多数外卖食品的制作过程并不透明。

有受访者在访谈时表达了对于食品安全的担忧：“我会对食品安全有所顾虑。我尤其担心肉类食品的安全问题。另外南昌市的餐馆卫生状况也没有统一标准，小餐馆顾虑更大一些，大餐馆相对来说比较放心。对于外卖食品的卫生也比较担心，不知道商家制作食品的场所是否干净。”

有受访者表达了对于食材的顾虑：“现在部分蔬菜、水果为了看起来新鲜，农药的含量一般都比较高，普通人却很难辨别。”

2. 个人信息保护不到位，骚扰成常态

在信息安全方面，信息时代下，互联网给公众带来便利的同时，也使得每个人的隐私被弱化，特别是个人信息的保护难以实现。受访者表示，现在电话与短信骚扰已经成为常态，但很多人并不清楚自己的信息是如何被泄露的，他人又是如何将自己的各种信息串联匹配的。受访者认为，或许是现代新型的快递行业、网上购物以及外卖等各种个人信息的填写引发了信息泄露问题。

刘女士说：“信息安全感觉不放心。我总是能收到一些莫名其妙的短信和电话,也不知道是谁从哪里把我的信息泄露出去了。我所在的社区没有固定的信息安全宣传,手机偶尔会收到几条关于个人信息保护的提示短信。”

张先生说:“平时经常能接到房产中介、银行贷款人员的电话,我实在不清楚他们是怎么知道我的手机号码的。”

3. 交通规则意识淡薄,拥堵未改善

在交通安全方面,受访者表示南昌市现有交通情况相较于原来有了一定的提升,但仍存在一定的问题。一方面,城市的拥堵问题并未完全解决,上下班高峰期道路拥堵比较严重。另一方面,部分行人交通规则意识淡薄,对自己的生命不负责任,认为机动车就应该让着行人,闯红灯、不走人行横道的现象较为普遍。

甘女士对交通安全方面的反应比较强烈:“部分南昌市居民交通安全意识比较弱,尤其是电动车闯红灯的现象比较严重。”

有受访者说:“交通安全方面,堵车的现象肯定是有的,但是行人闯红灯的现象更为严重。另外,南昌市的公交车开得不是很平稳,很容易晕车。”

4. 工资水平较低,保险难覆盖

在社会保障安全方面,受访者在谈及工资问题时都表示相较于其他省会城市的工资水平,南昌市的工资水平是比较低的。在南昌市找工作比较困难,特别是刚毕业的学生。另外,社会保险问题较突出,目前南昌市社会保险的覆盖面还不够全面,很多居民只有医疗保险,养老保险与其他商业保险的覆盖率不够高。

社区工作的张女士谈及南昌市的社会保障时说:“我的工资是两千元左右,生活是比较紧张的。而且,我只有‘五险一金’中的‘两险’,我感觉社会保障安全方面有待提高。”

同样的问题,在成女士身上也存在,她说:“我不仅工资低,而且只有医疗保障,生活还是有困难的。”

在受访者中,周同学作为一名即将毕业的大学生,她表示:“现在在南昌市找工作很困难,不仅工资低,而且还不好找。以我为例,我是师范生,以前本科毕业就可以教高中,现在省重点的高中都要求教师是研究生学历。”

三、提升南昌市城市公共安全的有关建议

城市公共安全治理任重道远,政府作为城市公共安全的建设者,在完善公

共安全的过程中要广泛征求人民群众的建议，尊重人民群众的主体地位，认真倾听并虚心接纳人民群众的意见与建议。南昌市受访者从自身实际和生活体验出发，表达了自己对于城市公共安全各分项满意和不满意的观点及原因，并积极为解决现存城市公共安全问题建言献策。

（一）增强个人意识，提高居民责任感

目前很多的安全隐患很大程度上是由居民个人造成的。居民个人安全意识不强，没有形成良好的行为规范，就容易发生闯红灯，不走人行横道的现象，进而有可能酿成大的交通事故，所以居民个人应该增强自我意识。

甘女士表示："交通安全方面我感觉应该从个人做起，每个人都应该形成一种安全意识，例如红灯不能闯、车辆不能超速等。每个人都应该成为自己生命安全的第一责任人。"

（二）增强可操作性，方便居民参与

受访者针对垃圾分类提出了各自的看法，综合各位受访者的表述，他们均认为政府在今后的政策制定方面首先应该考虑政策的可操作性，能否得到居民的认可，同时也要考虑政策执行过程中的便捷性，简化与便利化操作流程，减轻居民负担。

负责社区工作的张女士指出："垃圾分类有些复杂，干垃圾、湿垃圾，看着觉得很麻烦，居民心里就会有一些抵触。我认为还是分为可回收垃圾或不可回收垃圾这样比较方便。"

沈女士在对垃圾分类问题时说："垃圾分类方面，大家其实也有环保意识，就是有时候不太知道怎么分，政府应该直接在垃圾桶上贴一些更浅显易懂的分类标识。"

（三）增强监管力度，力保居民放心

对于食品安全问题，居民个人往往无能为力。因此，政府的监管尤为重要。政府应加大日常监管力度，不定期对食品行业进行检查，并将检查结果公开化，真正使居民吃得放心。

甘女士针对外卖食品行业的监管提出建议："监管外卖食品行业一定不能仅限于明察，要多暗访，多曝光几个不法商家，就能让其他商家引以为戒。"

吴女士指出："要想外卖食品更加安全卫生需要从两个方面努力，一是对食品外卖平台要加大监管力度，对商家的食材进行检查；二是外卖食品商家要提

高自身责任感，做优质食物。”

（四）增强教育力度，提高居民素质

受访者提出了教育与宣传在解决公共安全问题方面的重要性，认为在一些公共安全领域，教育与宣传的推广很重要，且更能得到居民的支持。因此，政府今后在处理公共安全问题时可以注重教育宣传，致力居民整体素质的提高。

有受访者说：“在交通安全问题上，一定要教育驾驶员提高安全意识，增大罚款力度肯定有一定效果，但并不能完全使他们转变观念。”

白女士也提出宣传教育与科普比较重要，这关系到下一代的孩子们：“我觉得要加强对公共安全知识的科普，这方面的知识现在大家了解还不是很多。另外，要尤其加强对孩子的教育，毕竟他们是国家未来发展的希望。”

（五）增强网络治理，保护居民信息安全

信息泄露问题是与居民息息相关的社会问题，也是居民迫切希望解决的公共安全问题之一。增强网络治理，特别是对网络盗取信息、网络诈骗等事件的治理，需要政府改变原有的社会治理模式，提高信息治理能力，培养信息治理人才，努力打造安全的网络环境。

张女士言简意赅地指出：“信息安全方面，还是离不开公安部门强有力的监管”。

成女士表示：“信息安全治理应该落到实处，要提高政府信息安全治理的执行力。”

南 京 篇

访谈时间: 2019年7月5日—7月11日

访谈地点: 秦淮区、雨花台区、玄武区、鼓楼区、栖霞区、浦口区

访谈人员: 段月岚

一、调查背景

调查背景部分包含了对目标城市南京市的介绍、访谈概况和受访者基本信息。城市介绍部分对南京市概况进行描述,便于读者对该城市有一个直观印象;访谈概况部分对本次访谈做了介绍,包括实施访谈的背景、时间、地点、目标等;受访者基本信息部分对本次访谈的所有受访者身份信息进行梳理,进而归纳总结出受访者构成比例和身份信息,使受访者情况一目了然。

(一)南京市介绍

南京市,简称宁,江苏省省会,是中国东部地区重要的中心城市、全国重要的科研教育基地和综合交通枢纽,是长江三角洲唯一的特大城市和长三角辐射带动中西部地区发展重要门户城市、首批国家历史文化名城和全国重点风景旅游城市。南京市南起北纬31°14′,北抵北纬32°37′,西起东经118°22′,东迄东经119°14′,东西最大横距约70千米,南北最大纵距约150千米,市域平面呈南北长东西窄展开,面积6 587.02平方千米。南京市属典型的北亚热带湿润气候,四季分明,雨水充沛,春秋短、冬夏长,年温差较大。①

(二)访谈概况

城市公共安全是城市经济发展与社会进步的前提条件,是全社会共同关注

① 来源于南京市人民政府网站。

的热点问题。近年来，我国城市公共安全事件频发、影响逐步扩大，城市公共安全管理面临前所未有的严峻挑战。经过前期的访谈培训，本次访谈进行了整体规划，访谈时间从2019年7月5日至2019年7月11日，访谈地点选取在南京市的秦淮区、雨花台区、玄武区、鼓楼区、栖霞区、浦口区。访谈采用深度访谈的形式，挖掘城市居民对于城市公共安全的感受，为城市公共安全领域的后续研究提供了第一手资料。

（三）受访者基本信息

在受访群体的选择上，尽量考虑到不同性别、不同年龄和不同职业的南京市居民，且选取在南京市居住两年以上的受访对象，使其观点更具有可信性。总体来看，受访样本兼顾了年龄、性别、职业等的分布合理性。

在受访的20名南京市居民中，从性别上看，男性受访者9人，女性受访者11人。从年龄分布上看，20～30岁的2人，31～40岁的9人，40岁以上的9人。此次随机访谈人群较为集中在中老年群体，中老年群体在南京市生活比较久。随着南京市发展飞快，南京市城市公共安全各方面都有着较大的变化，此类人群对南京市城市公共安全的感受与体验更为丰富。从职业分布上看，有人民教师、公务员、自由职业者等，职业范围比较广泛，最大程度上兼顾了不同职业背景的人群对于城市公共安全问题的感受。

二、南京市城市公共安全评价

城市公共安全评价反映的是城市居民对整个城市环境的安全感知情况，关系到政府角色、公共政策、行政管理行为、人民生活、社会稳定等多个层面。本次访谈从更加全面的角度编制了城市居民公共安全状况访谈提纲，通过了解南京市居民的公共安全状况，呈现出南京市的城市公共安全现状、面临的挑战以及存在的问题，为南京市政府的公共治理提供一些建设性的意见和建议。访谈发现，从某种层面上来说，如果一个城市的居民公共安全感越强，那么就意味着居民对城市公共安全的评价越高；反之，如果一个城市的居民公共安全感越低，那么就意味着居民对城市公共安全的评价越低。

（一）南京市城市公共安全整体评价

城市公共安全评价是城市居民对一个城市公共安全状况的主观衡量。本次访谈通过受访者对自然安全、生态安全、公共场所设施安全、食品安全、公共卫生安全、交通安全、社会治安安全、社会保障安全、信息安全等9个方面的评价，得出受访者对南京市城市公共安全状况最满意和最不满意的若干方面，从而发现南京市城市公共安全状况的显性和隐性问题，为南京市政府的公共治理提供借鉴和方向。

1. 令人满意的南京市城市公共安全状况

当谈及比较满意的城市公共安全状况时，令受访者满意的城市公共安全状况前3位分别是自然安全、生态安全和社会治安安全。在20位受访者中，有18位受访者对南京市的自然安全感到满意，有16位受访者对南京市的生态安全感到满意，有15位受访者对南京市的社会治安安全感到满意。这反映出南京市政府在自然安全、生态安全、社会治安等方面的公共治理获得了居民认可。令人满意的南京市城市公共安全状况，见图1。

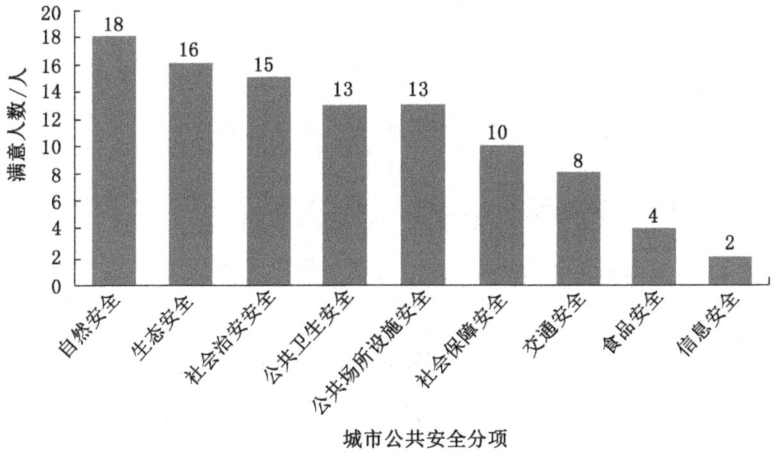

图1　令人满意的南京市城市公共安全状况

2. 令人不满意的南京市城市公共安全状况

在本次访谈过程中，受访者除了对自然安全、生态安全、社会治安安全等方面比较满意外，对其他方面的城市公共安全满意度还有待提高。根据访谈结果，令受访者不满意的城市公共安全状况前3位分别是信息安全、食品安全和交通安全。在20位受访者中，有19位受访者对南京市的信息安全感到不满意，有16位受访者对南京市的食品安全感到不满意，有11位受访者对南京市的交通安全感到不满意。这反映出南京市政府在信息安全、食品安全、交通安全等方面的公共治理还有待加强。令人不满意的南京市城市公共安全状况，见图2。

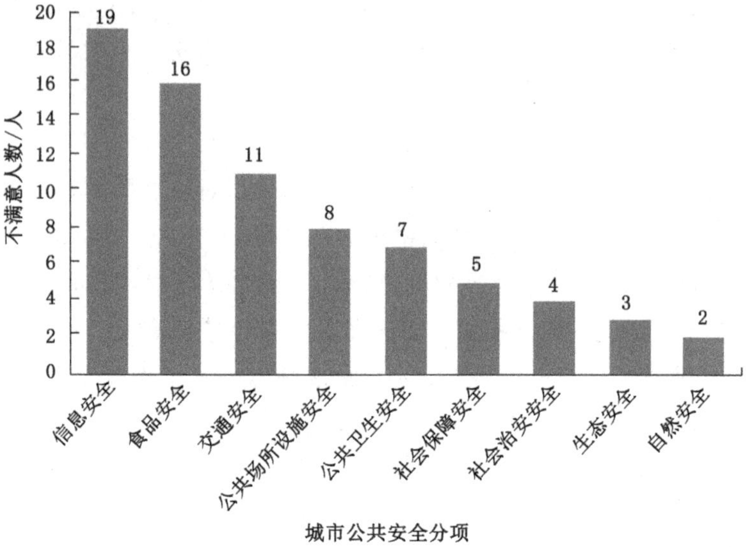

图 2　令人不满意的南京市城市公共安全状况

（二）南京市城市公共安全分项评价高的原因

在自然安全方面，南京市不处于地震带，既极少有地震发生，也极少有海啸、水灾、滑坡之类的自然灾害；政府积极采取了各种自然灾害防范治理措施，另外现代科技的发展也为自然灾害的预测提供了便利。在生态安全方面，南京市的空气污染治理良好，冬天几乎没有雾霾天气，并且南京市的重型污染企业和化工厂都已经搬迁或者关闭，工地降尘措施非常完善；南京市的河流污染治理得非常好，河长制、湖长制等制度落实到位，同时施行地雨污分流工程，极大地减少了河流污染。在社会治安安全方面，南京市的社会治安做得非常到位，极少出现打架斗殴现象，偷盗抢劫之类的事件也很少发生，而且每天都会有警察来回巡逻，给南京市居民带来了极大的安全感。

1. 地理位置优越，自然灾害极少

南京市位于长江下游中部地区，江苏省西南部，平面位置南北长、东西窄。南京市地貌属宁镇扬山地，以低山、丘陵、岗地为主。南京市属北亚热带湿润气候，雨量充沛，四季分明。南京市因其优越的地理位置，台风灾害天气很少发生，同时，政府积极采取自然灾害防范治理措施，以及现代科技的应用也为自然灾害的预测提供了便利，这些都有效地减轻或避免了自然灾害造成的严重后果。

范女士说:“南京市的地理位置还是比较优越的,很少有自然灾害,而且南京市也采取了一些预防措施来应对一些可能的自然灾害。南京市基本没有地震、海啸之类的自然灾害,像洪水、旱灾或者是冰雹之类的自然灾害也都不太有。偶尔情况下,受到台风的影响,带来一些降雨天气,但是也基本不会影响我们的日常生活。而且每次台风来临时,天气预报平台、城市广播以及小区都会做一些提醒,所以我们基本不会担心自然灾害问题。”

2. 空气、水质量得到改善,生活环境优化

通过南京市政府的大力整治,南京市的空气、水等质量均得到了极大提高。在南京市,大型的污染企业已经搬迁或者是关闭,工地降尘措施也做得非常到位,而且南京市城市绿化覆盖率高,雾霾天气基本不常见,蓝天白云随处可见。在水污染治理方面,河长制、湖长制等制度落实到位,每条河流都有专人负责,工作人员也会定期清理水中垃圾。此外,南京市普遍实行雨污分流工程,极大地改善了河流水质。在垃圾分类方面,随着垃圾分类的关注度不断提高,南京市相关部门针对垃圾分类也在不断地进行宣传与教育,部分小区已经在进行试点,社区居委会与党员同志都在积极宣传与引导,志愿者也在做一些现场引导与指挥工作,南京市大部分居民也比较配合。受访者普遍表示愿意配合政府的相关工作,积极做好垃圾分类的处理工作,希望能够营造一个良好的生活环境。

王女士说:“据我了解,南京市政府在治理生态问题方面做出了不少努力,尤其是在控制空气污染这个方面,采取多种方式扩大南京市的绿化面积。市民公园的绿化搞得不错,走在路上随时可以看到洒水车,现在还有现代科技类的喷雾可以降尘。另外,一些重型的污染或化工企业都已经搬迁或者关闭,工业污染基本不存在。在河水治理方面,这两年明显好转了,现在都在实施河长制,每条河流都有专人负责,即责任落实到人,治理力度很大。河流内人工种植了除污染的水草,也会定期进行河道的清淤。河道两边进行了美化,现已成为居民休闲的场所。南京市对环境的治理和保护的力度有了明显的变化。而且南京市经常会有一些拾垃圾公益活动。相关公益组织经常组织志愿者或者单位职工边爬山锻炼身体,边坚持做一些公益事业。南京市在生态安全方面,我们基本是不担心的。”

3. 常态化推进治安整治工作,居民安全感倍增

南京市是中国四大古都之一,素有“六朝古都”“十朝都会”之美誉,是华东地区重要的交通、通信枢纽,建立了全方位、立体化、大运量的交通运输网络,是

一个旅游型城市,流动人口较多,客流量较大。近年来,南京市社会治安得到了很大改善。一方面,南京市的监控设备遍布每一个角落,基本无死角,在一些主干道和比较繁华热闹的地方也会有定时与不定时的治安巡逻队,社区的民警会开巡逻车定时定点巡逻,小偷越来越少,整体社会治安都在好转;另一方面,南京市的居住环境管理越来越规范,进小区需要刷门禁卡,陌生人进小区必须登记,外来租客也要登记与留档,安保措施比较完善。此外,南京市政府常态化开展治安整治各项活动,社会打架斗殴现象明显减少。受访者对南京市的治安安全普遍持肯定的态度。

张女士表示:"南京市在治安方面做得蛮好的,相对来讲还是安全的,我们晚上散步的时候经常看到警察巡逻。我们城区这边还是挺安全的。早几年会有小偷,现在基本上没有了,外面摄像头也多,基本实现了监控全覆盖。"

(三)南京市城市公共安全分项评价低的原因

在本次访谈中,受访者除了对自然安全、生态安全、社会治安安全等方面比较满意外,对其他方面的城市公共安全满意度还有待提高。有很多受访者直接表达了对于某一方面城市公共安全的不满态度,信息安全、食品安全、交通安全等方面的问题比较集中。在信息安全方面,受访者普遍反映信息安全遭受威胁,个人账号密码被盗、个人信息泄露、骚扰电话不断,这些问题比较突出。在食品安全方面,大部分受访者表示很担心食品安全问题,尤其是对农药残留超标、食品添加剂超标、地沟油等问题表示极为担忧。居民订购外卖食品的次数越来越多,但是外卖食品的卫生情况与食材的质量尚不能完全得到保证。食品与卫生监管的透明度不高,南京市居民对政府这方面的工作情况了解得较少,也就是说南京市政府在食品监管方面的透明度与公开性有待进一步提高。在交通安全方面,虽然南京市公共交通系统比较发达,但是由于其是我国重要的交通枢纽,也是一个著名的旅游城市,人口流量比较大,外来人口较多,难免会出现拥堵现象,尤其是在节假日,在人流量比较大的景点,需要做好限流工作,并加大交警人员数量,做好监管工作。此外,南京市部分地区还存在机动车道与非机动车道混行的现象,这也是导致公共交通事故出现的原因之一。

1. 个人隐私受侵,网络诈骗频发

在信息安全方面,随着信息化与大数据时代的发展,以及信息透明化程度的不断提高,受访者普遍反映信息安全遭受严重威胁,有一半的受访者表示自己或者是自己身边的人受到过诈骗。

宋女士说："在我读大学的时候，有人借我的名义给妈妈发短信索要学费，妈妈当时没有找我确认，就直接给对方转账了。事后，妈妈虽然也进行了报警，但是像这种诈骗信息实在太多了，警察处理起来也非常困难。因此，我觉得政府要想办法加强网络信息监管，切实保护公众的财产安全。"

2. 食品监管透明度不高，外卖监管有待加强

在食品安全方面，食品安全一直是居民比较担心的问题。受访者表示因为担心农药残留超标，很多人就会选择花大钱买有机蔬菜。另外，从外卖食品行业看，目前一些食品商家在入驻食品外卖平台时，资质往往并不齐全，且食品外卖平台对其审核也并不严格，政府监管也不到位。有些受访者反映，虽然能够看到食品监管部门的人员在对食品进行检测，但是检测的结果透明度不够高，以致消费者无从了解相关检测结果，所以希望政府提高食品监管的透明度。

钱女士说："我认为食品加工环节太多，而每个环节都或多或少会有食品卫生问题。外卖食品文化我个人觉得虽然不值得宣传，但是也是形势发展所需，有时候公司没有食堂，回家做饭也远，就只能吃外卖食品。我曾在国外待过一段时间，当地有一个很好的文化，很多小孩或者上班族都是带餐，并且形成了一种带餐的社会氛围。我觉得在食品安全方面要提倡健康饮食，社会舆论的宣传很重要，政府的舆论引导也要加强。"

3. 机动车与非机动车混行，共享单车乱停乱放现象严重

在交通安全方面，南京市的公共交通系统发达，尤其是地铁线的增多，较好地缓解了交通压力，但是由于南京市人流量比较大，大部分受访者表示在交通高峰期特别堵，而且，南京市的部分地区还存在机动车与非机动车混行的现象，部分道路比较窄。此外，南京市的共享单车数量比较多，部分地区共享单车乱停乱放现象比较严重，这在某种程度上造成了公共资源的浪费。政府应加强对共享单车的管理，适量投放。

陈先生表示："交通安全方面，南京市需要解决的首要问题是加强对非机动车的管理。我经常能看到机动车与非机动车发生事故，尤其是非机动车里的电动车事故率较高。电动车在市场上很容易买到，买来就可以使用，且对使用者没有过多限制，所以我觉得要加强对电动车的管制。另外，要优化非机动车道的设计，像共享单车、助力车之类的，有的地区没有固定的投放点，导致其在马路两边乱停乱放，浪费了公共资源。"

三、提升南京市城市公共安全的有关建议

城市公共安全治理任重道远,政府肩负着重大的责任。政府作为城市公共安全治理的主体,不仅是城市公共安全治理的直接推动者,同时也是政策的制定者和实施者。另外,城市公共安全治理政策的创新要充分尊重人民群众的主体地位,发挥人民群众是物质和精神财富创造者的优势,不断探索反映人民群众意志的治理路径。南京市受访者从自身实际和生活体验出发,表达了他们对于南京市城市公共安全各分项满意和不满意的观点及原因,并积极为解决现存城市公共安全问题建言献策。

(一)加强公共安全教育与宣传,促进全民参与

访谈过程中受访者多次提到,希望政府部门做好公共安全宣传工作,加强城市公共安全教育。在城市公共安全治理过程中,政府部门要注重宣传教育工作的开展,以便为城市公共安全各种问题的解决做好准备。从受访者的反馈来看,虽然他们所在的社区、单位以及一些公共场所都开展过公共安全宣传教育活动,这些活动也取得了一定成效,但受访者认为目前活动的宣传形式过于单一,政府可以综合运用互联网、海报、广播以及其他途径来增强宣传教育工作的有效性。

陈先生认为:“在垃圾分类的宣传方式方面,对于年轻人可以采取网络的宣传方式,但是对于老人,还是需要依靠社区工作人员,邻里经常性地进行宣传,这样宣传效果事半功倍。”

王先生说:“在信息安全方面,我曾接触到一些宣传。社区民警会经常发短信提醒我们谨防诈骗,社会上关于防诈骗的宣传也很多。例如,路上的广告牌宣传,电视上的宣传等。另外,身为一名教师,我觉得学校要重视学生安全意识的培育,可以通过定期开展安全知识讲座、进行消防演习等活动,让学生从小树立安全意识。公共安全问题关乎千家万户,采取行动前一定要坚持宣传和教育先行。”

(二)健全公共安全管理相关法律,用法律约束不法行为

公共安全管理的重点在于建立和完善相关法律法规,这样不仅可以增加公共安全管理的有序性和有效性,更重要的是可以确立公共安全管理的合法性。2006 年发布并实施的《国家突发公共事件总体应急预案》明确了国务院为突发公共事件应急管理工作的最高行政领导机构。《国家突发公共事件总体应急预

案》的发布为地方政府应急预案及应急机制的建立起到了规范性作用，但它仍然属于行政法规，因此建立相关具有法律效力的公共安全法律势在必行。

有受访者认为：“政府应加强公共安全方面的立法，目前信息安全和食品安全等方面的立法都有所欠缺，单靠政府的一些政策，约束力不够。另外法律制定好之后，也需要及时修订、更新。”

（三）完善社会公共安全应急救援机制，有效应对公共安全风险挑战

建立健全体制完备、高效运行的社会公共安全应急救援机制，已成为维护国家安全和稳定发展的重要举措之一。首先，要加强社会公共安全的理论研究。一是，重点研究社会公共安全在国家发展战略中的积蓄功能和储备功能，突出综合减灾与可持续发展战略关系等方面的研究；二是，重视研究动员体制与抢险救灾体制相融合的问题，进一步理顺领导体制和指挥关系；三是，强化城市灾害应急管理能力研究，构建城市应对灾害综合防御体系，突出抓好以民防救援体系为重点的灾害预防侦测体系、救援力量体系、救援保障体系以及宣传教育体系等方面的研究；四是，注重安全和城市管理理念的转变，加快灾害应急指挥自动化建设步伐的研究，完善灾害应急救援总预案、分预案和行动方案。其次，要完善社会公共安全的领导机构。目前，社会公共安全体系除要应对自然灾害袭击外，还要把缉毒、打击走私、防范信息灾害和重大疫情以及遏制恐怖主义和各种犯罪活动作为重要内容，因而，建立一个权威高效、以防灾和反恐为重点的社会公共安全领导机构成为做好公共安全工作的重要保证。最后，要构建社会公共安全应急救援体系。进一步健全灾害紧急救援的协调机制，建立应急灾害拨款机制，完善灾害预警侦测报警系统，完善应急救援装备器材保障计划体系，吸引民间资本，建构城市紧急救援力量系统。

受访者受限于专业背景，对于应急机制和应急救援系统的建立虽然没有专业的意见和建议，但是他们也表达出应建立相关的应急管理机制和相应的配套措施。受访者提出：“社会公共安全应急救援体系除了要包括自然灾害应对措施外，还要把缉毒、打击走私、防范信息犯罪和医药监管作为重要的应急管理内容。”

（四）充分发挥大众媒体作用，及时、客观、公正报道信息

在预警阶段，大众媒体扮演着至关重要的角色。大众媒体在报道预警信息

时，要做到公正、客观，另外，对不宜公开报道的预警信息，信息报送部门和信息接收部门应按规定程序，做好保密工作。同时，若预警信息的提供者有保密的要求，信息接收部门也应承担保密义务。除此之外，政府要采取一些制度性措施规范大众媒体的信息报道。一方面，在事件萌芽阶段，由于事件的演变趋势具有不确定性，加之相关部门的不配合，大众媒体收集的信息与事实全貌难免会有所偏差，如果不实行科学、合理的免责制度，很容易导致大众媒体在报道信息时自缚手脚；另一方面，在面对重大社会预警信息时，大众媒体的相关人员如知情瞒报、缓报或故意谎报的，也应给予一定的惩罚。

宋女士表示："大多数情况下，公众对政府在信息安全、食品监管以及公共卫生等方面的相关管理工作都不够了解，公众只能通过大众媒体了解一点。我个人觉得大众媒体是公众的眼睛与耳朵，所以大众媒体在报道一些问题时，一定要做到客观、公正，以保障公众的知情权。"

（五）加强信息网络治理，营造良好的网络环境

随着信息化时代的到来，信息透明度越来越高。信息技术是一把双刃剑，它既促进了社会的发展，也给网络诈骗者提供了方便。网络诈骗者利用各种智能技术恶意注册，获取号码资源，实施诈骗。所以政府部门除了要制定相关的法律法规之外，还要加强信息监管，要重点关注和解决网络诈骗的源头性、系统性问题，进一步完善网络间垃圾短信联动处理平台功能。一是，探索通过互联网众包的方式，招募志愿者参与不良网络信息的举报；二是，相关互联网企业要在搜索引擎、电商平台、社交平台等网络空间，通过关键词屏蔽、App 下架等方式，斩断改号软件的网上发布、搜索、传播、销售、宣传等渠道；三是，加强监督检查，畅通举报渠道，采用多种渠道相结合的方式。

有受访者表示："信息安全已严重影响大家的生活，虽然政府工作人员已经做了很多工作，但是网络诈骗案件依然屡禁不止。网络诈骗对于年轻人来说，是比较容易分辨的，更容易受骗的还是老年人。"

退休人员张先生反映："在南京市很少看到针对信息安全的举报电话，多为一些宣传标语。大部分老年人不会上网，因此很难对网络诈骗的行为进行监督和举报。"

徐女士反映："孩子在学校遇到问题时向教育局进行求助，但相关电话却一直没有打通，这说明教育局的举报渠道还需要进一步畅通。"

南 宁 篇

访谈时间：2019年7月13日—7月17日

访谈地点：青秀区、江南区、兴宁区、西乡塘区、良庆区

访谈人员：饶梦彤

一、调查背景

调查背景包含对目标城市南宁市的城市介绍、访谈概况和受访者基本信息。城市介绍部分对城市概况进行描述，方便读者对该城市有一个直观印象；访谈概况部分对本次访谈做了介绍，包括实施访谈的时间、地点、目标等；受访者基本信息部分对本次访谈的所有受访者身份信息进行了梳理，包括受访者性别、年龄、职业等，使得受访者情况一目了然。

（一）南宁市介绍

南宁市，背靠大西南，面向北部湾，是多民族聚居的广西壮族自治区首府，素有“中国绿城”“天下民歌眷恋的地方”等美誉，先后荣获联合国人居奖和全国文明城市、国家生态园林城市、国家卫生城市、国家森林城市、中国优秀旅游城市等称号。南宁市地处北回归线南侧，广西壮族自治区中部偏南，平均海拔76.5米，年均气温21.8℃、年均降雨量1 286毫米，属于典型的亚热带季风气候，降水充沛，冬短夏长。南宁市总面积2.21万平方千米，辖7个城区、5个县（市）、3个国家级开发区。[①]

（二）访谈概况

当前我国经济发展的新常态影响现实生活中事物的发展及其运行，因而需

① 来源于南宁市人民政府网站。

要转变思想观念从而正确认识实践中的问题。安全感作为社会发展的稳定器，在面对当前经济压力下行及其带来的政治、文化、社会、生态和人们生活压力的直观变化的前提下，需要认真思考、研究。党的十九大报告中，习近平总书记明确指出，要坚持总体国家安全观，充分说明了国家安全在新时代中国特色社会主义建设进程中的重要性。城市是人类生活发展的聚集地，是国家地区政治经济的缩影。中国矿业大学基于“中国城市公共安全管理智库”这一平台，对我国部分城市公共安全状况进行了访谈。此次访谈从2019年7月13日到2019年7月17日，访谈地点为南宁市的青秀区、江南区、兴宁区、西乡塘区、良庆区。访谈采用深度访谈的形式，挖掘城市居民对于城市各类公共安全的真实感受，以此为城市公共安全领域的相关研究提供第一手资料。

（三）受访者基本信息

在受访群体方面，为确保访谈的信度和效度，根据性别、年龄、职业的不同来选取样本。在20名受访者中，从性别上看，男性受访者12人，女性受访者8人。从年龄上看，20岁及以下的受访者有1人，20～30岁的受访者有12人，31～40岁的受访者有4人，40岁以上的受访者有3人。从籍贯上看，南宁市本地的受访者有10人，外来人口受访者有10人。从职业上看，学生有1人，政府及事业单位工作人员有7人，企业职工有7人，个体经营者有5人。

二、南宁市城市公共安全评价

城市公共安全评价是城市居民对生存发展、周遭环境及城市整体状况的感知与认识，关系到政策的制定与执行、社会的稳定与和谐，以及政府与社会的关系调整。城市公共安全评价本身是主观感受，是居民主观感受客观化的结果。本次访谈将城市公共安全分为自然安全、生态安全、公共卫生安全、食品安全、交通安全、公共场所设施安全、社会治安安全、社会保障安全、信息安全等9个方面，以此反映城市公共安全的基本情况。

（一）南宁市城市公共安全整体评价

城市公共安全评价是城市居民对一个城市公共安全状况的主观衡量。通过整理访谈资料，得出受访者对南宁市城市公共安全状况最满意和最不满意的若干方面，从而揭示南宁市城市公共安全状况的显性和隐性问题，为南宁市政府的公共治理提供相关建议。

1. 令人满意的南宁市城市公共安全状况

令人满意的南宁市城市公共安全状况，见图1。由图1可知，在城市公共安全各个分项中，自然安全、生态安全、社会治安安全三者的满意人数最多。在 20 位受访者中，分别有 19 位受访者都对自然安全、生态安全、社会治安安全表示满意。受访者的满意状况反映出南宁市政府在自然、生态、社会治安等方面的公共治理获得了居民认可。

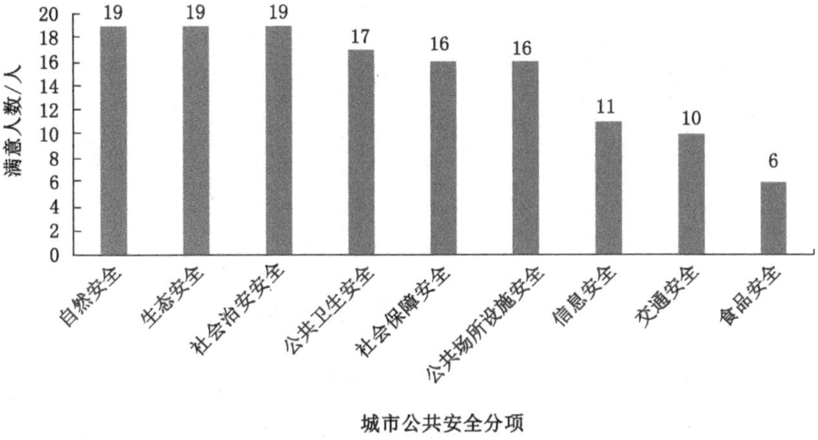

图 1 南宁市城市公共安全满意状况

2. 令人不满意的南宁市城市公共安全状况

令人不满意的南宁市城市公共安全状况，见图 2。由图 2 可知，在城市公共安全各个分项中，受访者对食品安全、交通安全、信息安全较为不满意。在 20 位受访者中，有 14 位受访者对南宁市的食品安全感到不满意，有 10 位受访者对南宁市的交通安全感到不满意，有 9 位受访者对南宁市的信息安全感到不满意。受访者的不满意状况反映出南宁市政府在食品、交通、信息等方面的公共治理还有待加强。

（二）南宁市城市公共安全分项评价高的原因

自然安全方面，南宁市位于北回归线以南，属于亚热带季风气候，气候温和；南宁市地处珠江流域水系的邕江河谷盆地，平地是南宁市最大面积的地貌类型。尽管南宁市夏季多雨，易发生内涝，但南宁市政府积极采取了各种自然灾害防范治理措施，有效减轻或避免了自然灾害造成的严重后果。生态安全方面，南宁市拥有悠久的历史，植被丰富、四季常青，有着“半城绿树半城楼”的美誉，被人们称为“绿城”。随着“绿水青山就是金山银山”理念的深入人心，以及大气、水、土壤等污染防治工作的全面推进，多数受访者表示南宁市在大气、水、

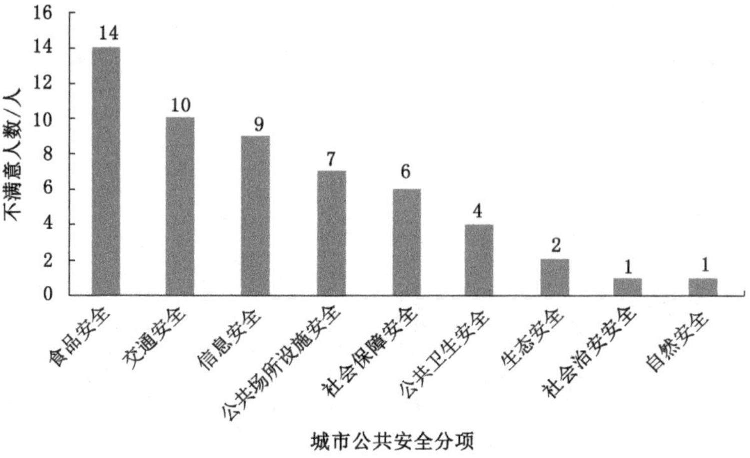

图 2　令人不满意的南宁市城市公共安全状况

土壤等污染治理方面有了明显改善。社会治安安全方面，南宁市为维护社会稳定，公安部门定期组织演练活动，开展“飓风行动”“烈焰行动”等，受访者反映南宁市的社会治安状况很好。

1. 自然环境温和，政府防控较好

南宁市位于北回归线以南，属于亚热带季风气候，阳光充足，雨量充沛，霜少无雪，气候温和，夏长冬短；平地是南宁市最大面积的地貌类型，为其发展提供了独特的地理优势，较少受到台风、地震的影响。此外，南宁市政府还积极采取了各种自然灾害防范治理措施，现代科技的发展也为自然灾害监测提供了许多新的手段和方法，这些都有效地减轻或避免了自然灾害造成的严重后果。受访者普遍表示对南宁市的自然安全满意。

胡先生说：“南宁市是广西壮族自治区的首府，台风比内陆地区稍多，但是，广西壮族自治区大部分区域是喀斯特地貌，整体地质比较稳定，且不位于地震带上，所以自然安全方面相对来说还比较好。”

许先生说：“自然灾害相对来说，比较少。雨涝水淹多多少少会有一些，但造成的影响不是很大。”

2. 生态环境优越，污染治理到位

南宁市拥有悠久的历史，植被丰富、四季常青，有着“半城绿树半城楼”的美誉，被人们称为“绿城”。2019 年，南宁市坚决贯彻落实习近平生态文明思想，重点打赢蓝天保卫战、水环境治理攻坚战和土壤污染防治持久战，着力解决突出环境问题,推进环境质量持续改善。多数受访者表示南宁市在生态治理方面有了明显改善。

吴先生从整体上表达了对生态安全的看法:“南宁市被称为‘绿城’,空气质量相对其他城市较好,没什么大污染。南宁市的河水污染主要是生活污水排放造成的。政府加强河道整治,取得了明显效果。”

辛先生根据其工作经验,从宏观层面表明了对现有生态安全政策的支持:“南宁市政府陆续开展了空气污染、水污染等专项整治。空气治理方面,守护了‘南宁蓝’;水污染治理方面,绘出了城市水清岸绿。”

江先生具体详细地解说了南宁市政府在生态安全方面采取的措施:“我是做环保工作的,在‘打赢蓝天保卫战’行动中,南宁市政府围绕扬尘综合治理、机动车污染防治、烟花爆竹禁燃限放等,采取了一系列措施。”

3. 社会治安良好,社会秩序稳定

近年来,南宁市社会治安状况得到了极大改善。南宁市政府为了维护社会治安、减少南宁市居民偷盗行为,在每个片区均设立了治安岗亭,同时增加辅警的数量,且辅警招录采用考试的形式,保证了辅警人员的基本素质和工资福利,增加了其工作的热情。另外,南宁市警察有效地执行了24小时巡逻制,有效减少了恶性事件的发生,提高了居民安全感。

许女士说:“我经常晚上出去玩。南宁市夜生活很丰富,基本上晚上10点以后大家都会出来活动,人很多,像个不夜城。这也从一个方面反映出居民对社会治安安全比较放心、满意。”

华先生表示:“现在每个小区都会有巡逻车24小时巡逻。有什么事情只要打110,警察会以最快的速度出警到达出事地点。晚上我也会独自出行,没有遇到过治安问题。”

(三)南宁市城市公共安全分项评价低的原因

在本次访谈过程中,受访者除了对自然安全、生态安全、社会治安安全等方面比较满意外,对其他城市公共安全方面的评价还有待提高。食品安全方面,受访者认为食品监管存在漏洞,对农药残留超标和食品添加剂超标等问题的反映较为突出。交通安全方面,受访者认为南宁市的交通比较拥堵,尤其是上下班高峰期,非机动车乱停乱放现象时有发生,停车乱收费问题较为突出。信息安全方面,现代以网络为载体的生活方式占据主流,大数据时代信息泄露现象比较常见,信息诈骗问题尚未能得到很好处理,受访者对信息安全表示担忧。

1. 食品安全存在漏洞,政府监管不到位

民以食为天,食品是百姓首要关注的问题。在访谈过程中,受访者对食品安全表达了不满意的态度。受访者对于食品监管表示质疑,认为个别政府部门存在监督漏洞、监督不到位的情况,特别是城中村的食品安全不能得到保证,南宁市的城中村众多,受访者表示城中村道路状况较差,极个别检查人员往往放松了对城中村的食品质量进行检查。

廖先生针对食品安全问题,说:"现在外卖食品行业发展迅速,我住的地方位于城中村,就有很多食品外卖平台的商家。这些外卖食品商家的食品新鲜与否和食品来源是否安全,无法保证。而且,我很少看到政府人员来监督检查他们的食品质量。"

2. 人口密度大,城市交通拥挤

城镇化的急速发展,大量人口向城市聚集,城市交通安全问题日益凸显。在访谈过程中,受访者对南宁市的交通安全表示不满意。一方面,南宁市当前轨道交通系统的建立占据了原先并不宽敞的路面,使得现有的路面进一步变窄;另一方面,南宁市的电动车较多,由于电动车不遵守交通规则而引起的交通事故频繁发生。

许先生认为南宁市当前交通安全问题主要在于电动车数量多且违反交通规则的现象较多。他指出:"现在南宁市堵车的原因里,电动车占50%。电动车体积比较小,在道路上受的约束也较小,电动车很受欢迎,骑电动车的也很容易违反交通规则。"

胡先生认为南宁市的交通安全问题和人口不断增加有关:"随着南宁市城镇化进程的不断加快,城市人口不断增加,私家车保有量急剧上升,现有的城市道路状况未能满足居民出行需求,造成了城市拥堵。"

3. 信息泄露成常态,骚扰电话不断

在访谈过程中,多数受访者表示接到过骚扰电话。产生这种问题可能的原因,一方面是电子智能设备的普及,增加了信息泄露的风险。另一方面是信息的重要性并未引起公众的重视,公众的信息安全意识淡薄。

莫女士指出:"我经常接到一些贷款的电话,手机App造成的信息泄露还是挺严重的。我对信息安全不满意。"

三、提升南宁市城市公共安全的建议

随着经济、社会的快速发展,城市公共安全治理成为政府和社会发展的显性问题。而当前治理主体的多元化和社会利益的复杂化,不仅需要政府发挥积极的作用,也需要社会各方积极参与,充分发挥各方优势,以实现城市公共安全的良好局面。南宁市受访者从自身实际和生活体验出发,表达了自己对于城市公共安全各分项满意和不满意的观点及原因,并积极为解决现存城市公共安全问题建言献策。

(一)利用现代科学技术,增加公共安全宣传渠道的多样性,提高居民的公共安全素养

在访谈中,当问及有没有接受过相关公共安全知识的宣传和教育时,大多数受访者表示“有接受过相关宣传”,其中有一部分的受访者表示,有接受过相关宣传,但是具体内容并不了解,还有一部分受访者表示很少会注意政府的宣传栏,平常刷抖音之类的 App 时会看到有关公共安全相关的信息。另外,一些受访者表示平常生活中不会关注公共安全方面的知识。当问及是否了解政府针对公共安全方面采取的具体政策和措施时,多数人表示并不清楚。通过对访谈资料的分析,可以发现,当前政府对于政策和措施宣传还不到位,宣传方式和渠道较为单一。因此,政府应利用现代科学技术,改变传统的、单一的宣传方式,通过抖音、快手等新型媒介宣传公共安全知识,以增加宣传知识的趣味性、便捷性和有效性,切实提高居民的公共安全素养。

银行工作人员李先生认为:“政府需要给居民普及信息安全方面的知识,例如可以通过手机短信发送一些防诈骗的知识。”

覃女士对信息泄露表示担忧:“日常生活中,我们总会考取一些证书,例如注册会计师、注册安全工程师等,一旦我们在网上搜索了相关信息,很快就可以接到中介询问是否需要培训的电话。由此看来,信息泄露防不胜防。”

陈女士针对公共安全宣传指出:“对于我们上班族来说,每天工作早出晚归,很少会有时间关注社区公告栏张贴了什么内容。所以,传统的宣传方式已不适应目前的社会环境,政府要转变思维,多采用现代化的宣传方式,例如抖音、快手等,增加宣传的有效性。”

（二）立足当代社会发展需要，政府、市场共同发力，提升全民公共安全责任意识

政府要从传统的政府管理理念向现代社会治理理念转变。城市公共安全问题的解决不仅仅在于政府，更在于市场中的每一个主体。传统意义上，政府习惯于“全能政府”的角色，但实际上，政府并非全能，政府与市场相互作用，才能更好地治理社会。

陈女士针对食品安全问题指出：“中国人口众多，如果仅靠政府力量监督食品安全远远不够。食品安全问题的解决，需要政府、社会、个人共同努力。”

作为交警的许先生针对交通安全问题表达了自己的看法：“南宁市交通安全问题的原因之一是道路规划不合理。道路规划问题的解决需要充分征求公众意见。”

（三）将传统文化与现代法律相结合，德治和法治共同创造优良的社会环境

坚持依法治国，从传统优秀文化中汲取精华，实现德治和法治的有效结合，为城市公共安全创造优良的社会环境，以推进国家治理体系和治理能力现代化。当问及平时是否严格遵循交通规则时，多数骑电动车的受访者表示要看情况，红灯时如果没有行人和车辆经过，自己会选择闯红灯通行。这说明居民的规则意识比较淡薄。针对这种情况，政府需要将道德教育和相应的惩罚措施有机结合，德治和法治相得益彰。

李女士称：“整治违法、违规行为，不仅需要用法律的约束力，也需要思想教育，二者相结合，往往会达到事半功倍的效果。”

宁 波 篇

INTERVIEW REPORT

访谈时间：2019 年 7 月 17 日—7 月 21 日
访谈地点：鄞州区、奉化区、镇海区、江北区、海曙区
访谈人员：闫方圆

一、调查背景

调查背景包括城市介绍、访谈概括和受访者基本信息等内容。城市介绍部分对宁波市整体情况进行描述，方便读者对该城市有一个直观印象；访谈概括部分对本次访谈做了介绍，包括实施访谈的时间、地点、目标等；受访者基本信息部分对本次访谈的所有受访者身份信息进行梳理，包括受访者的性别、年龄、职业等。

（一）宁波市介绍

宁波市，简称“甬”，是浙江省辖地级市、副省级市、计划单列市，国务院批复确定的中国东南沿海重要的港口城市、长江三角洲南翼经济中心。宁波市位于东经 120°55′～122°16′，北纬 28°51′～30°33′，地处长江三角洲南翼，东有舟山群岛为天然屏障，北濒杭州湾，西接绍兴市的嵊州市、新昌县、上虞区，南临三门湾，并与台州市的三门县、天台县相连。宁波市地势西南高、东北低，属北亚热带季风气候，温和湿润，四季分明。宁波市辖 6 个区、2 个县、2 个县级市，全市陆域总面积 9 816 平方千米。①

（二）访谈概况

近年来我国城市高速发展、持续繁荣，在不断实现现代化和增强经济实力

① 来源于宁波市人民政府网站。

的进程中也存在着诸多问题。生态破坏、自然灾害等传统安全问题频发的同时也有很多的非传统安全事件发生,例如电信诈骗、问题疫苗事件等。基于以上背景,对城市公共安全问题进行研究就十分紧迫、十分必要。本次访谈时间从2019年7月17日至2019年7月21日,为期5天。访谈地点覆盖了宁波市的核心区域,包括鄞州区、奉化区、镇海区、江北区、海曙区。访谈采用深度访谈的形式,挖掘城市居民对于城市公共安全的感受,为城市公共安全领域的后续研究提供了第一手资料。

(三)受访者基本信息

在受访群体的选择上,尽量考虑到不同性别、不同年龄和不同职业的宁波市居民,且选取在宁波市居住半年以上的受访对象,使其观点更具有可信性。总体来看,受访样本兼顾了年龄、性别、职业等,分布相对合理。

在受访的20名宁波市居民中,从性别上看,女性受访者占总受访人数的45%,男性受访者占总受访人数的55%,男女比例较均衡。从年龄上看,受访者中18~30岁的居民有12人,31~50岁的居民有5人,50岁以上的居民有3人,青年人稍多,他们对城市公共安全方面的感受较为丰富。从职业分布上看,受访者中超市、商店个体户有2人,大学生有7人,公司职员有3人,其他职业有8人。受访者职业多样化,更好地兼顾了不同职业背景的人群对于城市公共安全问题的感受。

二、宁波市城市公共安全评价

城市公共安全评价反映的是城市居民对整个城市环境的安全感知情况,关系到政府角色、公共政策、行政管理行为、人民生活、社会稳定等多个层面。本次访谈从更加全面的角度编制了城市居民公共安全状况访谈提纲,通过了解宁波市居民的城市公共安全状况,呈现出宁波市的城市公共安全现状、面临的挑战以及存在的问题,为宁波市政府的公共治理提供一些建设性的意见和建议。访谈发现,从某种层面上来说,如果一个城市的居民公共安全感越强,那么就意味着居民对城市公共安全的评价越高;反之,如果一个城市的居民公共安全感越低,那么就意味着居民对城市公共安全的评价越低。

(一)宁波市城市公共安全整体评价

城市公共安全评价是城市居民对一个城市公共安全状况的主观衡量。本次访谈通过受访者对自然安全、生态安全、公共场所设施安全、食品安全、公共卫生安全、交通安全、社会治安安全、社会保障安全、信息安全等9个方面的评价，得出受访者对宁波市城市公共安全状况最满意和最不满意的若干方面，以期为宁波市政府的政策制定提供合理的建议。

1. 令人满意的宁波市城市公共安全状况

城市公共安全包括自然安全、生态安全、公共卫生安全、食品安全、交通安全、公共场所设施安全、社会治安安全、社会保障安全、信息安全等9个方面。令人满意的宁波市城市公共安全状况，见图1。由图1可知，受访者对生态安全、交通安全和自然安全3个方面是比较满意的。在20位受访者中，有16位受访者对宁波市的生态安全表示满意，有14位受访者对宁波市的交通安全表示满意，有10位受访者对宁波市的自然安全表示满意。

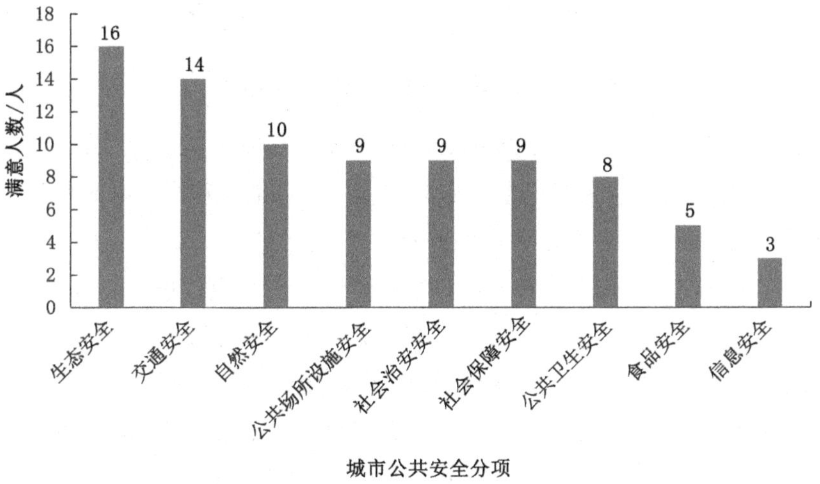

图1　令人满意的宁波市城市公共安全状况

2. 令人不满意的宁波市城市公共安全状况

在本次访谈过程中，受访者除了对生态安全、交通安全、自然安全等方面比较满意外，对其他方面的城市公共安全满意度还有待提高。令人不满意的宁波市城市公共安全状况，见图2。由图2可知，令受访者不满意的城市公共安全状况前3位分别是信息安全、食品安全和公共卫生安全。在20位受访者中，有11位受访者对宁波市的信息安全感到不满意，有7位受访者对宁波市的食品安全感到不满意，有6位受访者对宁波市的公共卫生安全感到不满意。受访者的不满意状况反映出宁波市政府在信息安全、食品安全、公共卫生安全等方面的公共治理还有待加强。

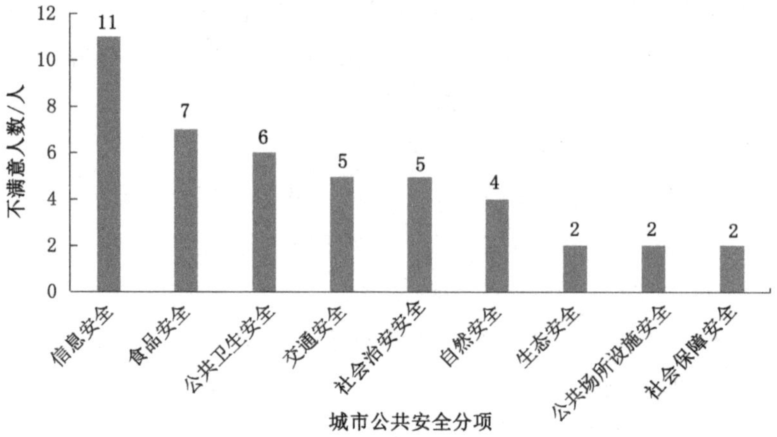

图2　令人不满意的宁波市城市公共安全状况

（二）宁波市城市公共安全分项评价高的原因

当问及受访者对宁波市公共安全方面评价高的原因时，大多数受访者认为这与宁波市的地理环境相关。生态安全方面，宁波市作为长三角南翼经济区的核心城市，有其独特的生态区域优势和良好的生态基础。宁波市的空气污染近年来呈逐步缓和趋势，蓝天白云，空气污染很小。宁波市政府大力提倡“五水共治”（治污水、防洪水、排涝水、保洪水、抓节水），同时治理水面垃圾，对过度排污行为进行罚款。交通安全方面，非机动车管理严格，骑电车必须戴头盔。地铁的开通有效缓解了上下班高峰期的道路拥堵状况。自然安全方面，由于宁波市优越的地理位置，偶尔会出现台风、暴雨等气象灾害，但是不会发生内涝，且市内排水系统设计合理，几乎没有积水现象的发生。宁波市市内建有多个紧急避难场所用来防台风抗地震。

1. 生态治理成效显著，城市环境优美

宁波市具有独特的生态区域优势和良好的生态基础。宁波市政府高度重视生态环境治理，明确提出了“加快发展生态文明，建设美丽宁波”的目标。一是实施清洁水源、清洁空气、清洁土壤等一系列专项治理行动，在区域联防联控、遏制扬尘污染、机动车尾气污染、改善水环境等方面取得了积极进展。二是重要生态功能保护区得到优先保护，森林覆盖率达48.0%、人均公共绿地面积达11.5平方米①。

① 浙江宁波首次发布“森林地图” 一图了解全市森林公园、自然保护区及野生动植物分布信息[EB/OL].（2019-03-21）[2020-05-05]. https://zrzyt.zj.gov.cn/art/2019/3/21/art_1289955_31501898.html.

三是环境基础设施不断完善，实施“五水共治”，加强垃圾分类处理，努力建设美丽宁波市。

有受访者说：“宁波市的空气污染不大，政府也采取了防治污染的措施，例如迁走一些有污染的工厂。另外，宁波市的水污染和以前相比也有了明显改善，经常可以看到有工作人员清理水上的垃圾，政府对过度排污的企业也会有相应的惩罚。”

赵先生说：“我个人认为宁波市的空气污染和水污染不是很严重，很少会有雾霾天气，河道会有专人定时清理。”

2. 交通文化建设突出，管理更加人性化

宁波市以港兴市因江富民，江河湖海资源优势得天独厚。近年来，宁波市的交通系统愈加发达，道路规划更加科学有序，公众的公共交通意识大幅提高。此外，宁波市政府融合宁波市古今优秀文化，打造了“拥江揽湖滨海”等系列宁波市交通文化名片，公交车站的建设古风古韵，每一地段都有其不同的风格和特色，提示牌也更加人性化，对于到站距离、到站时间和乘车站数都有明确的提醒。除了完善的公共交通设施外，宁波市居民的素质普遍较高，车让人现象十分普遍，交通安全整体较好，偶尔存在拥堵现象，但也有警察协助疏导。受访者普遍表示并不担心市内交通系统会出现大的故障，对交通安全较为满意。

刘女士说：“宁波市的整体交通状况很好，公共交通设施齐全，交通便捷，市内拥堵也仅限于上下班高峰期。现在居民的生活水平在提高，素质也在提高，道路违章行为越来越少，路口经常看到执法人员在检查。”

3. 地理位置优越，自然灾害少

宁波市地处中国华东地区、东南沿海，长江三角洲南翼，东有舟山群岛为天然屏障。宁波市属于典型的江南水乡兼海港城市，是中国大运河南端出海口、“海上丝绸之路”东方始发港。访谈过程中，大部分受访者对宁波市的自然环境表示满意。宁波市空气污染少，除去梅雨季节多雨之外，大部分时间蓝天白云，空气清新。偶有台风过境带来暴雨，但市内排水系统完善，几乎没有积水现象。

王先生说：“我对宁波市的自然安全比较满意。宁波市没有发生过雨涝水淹，排水设施完善，市内很少会有积水，即使下暴雨，一个小时左右雨水就会渗透到地下。”

（三）宁波市城市公共安全分项评价低的原因

在本次访谈过程中，受访者除了对生态安全、交通安全、自然安全等方面比较满意外，对其他方面的城市公共安全满意度还有待提高。令受访者不满意的城市公共安全状况前3位分别是信息安全、食品安全和公共卫生安全。信息安全方面，21世纪是信息时代，信息成为战略发展的重要资源，信息透明化程度高。受访者普遍反映信息安全遭受严重威胁，信息泄露问题比较严重，骚扰电话给日常生活带来极大困扰。食品安全方面，地沟油、农药残留超标等问题依然存在，外卖食品的食材新鲜度和餐厅卫生情况同样令人担忧。公共卫生方面，主要涉及养老、就医等问题，受访者表示在这些方面比较担心。此外，疫苗安全问题，受访者也非常担心。

1. 信息泄露严重，网络诈骗时有发生

信息技术的飞速发展使信息成为战略发展的重要资源，同时也使城市公共安全面临更加严峻的形势，信息透明化程度提高的同时，个人信息泄露随之日趋严重。受访者普遍反映信息安全遭受严重威胁，骚扰电话较多，网络诈骗层出不穷。

浙江大学的周同学反映："我的表姐曾用微博联系我，说自己在国外的飞机场，让我打钱过去。我差点把钱打过去，后面才发现是诈骗。现在一些商家会把网络认证收集到的客户信息卖出去，导致网络诈骗现象很严重。"

汪女士对于信息泄露问题很是困扰："信息安全方面，我三天两头就会接到骚扰、推销电话，身边也有朋友遇到信息诈骗，政府对信息安全方面的管控还有待加强。"

周先生说："自己很少碰到网络诈骗，但是骚扰电话、推销电话挺多。这主要是因为自己的信息经常被暴露，现在去哪都要求登记个人信息。"

2. 食品安全事件频发，外卖食品质量甚是担忧

食品安全方面，造成受访者不满意的原因：一是一些不法商贩偷工减料、以次充好；二是对于食材的农药残留超标和添加剂超标等问题，受访者比较担心。受访者表示，在外就餐时，很是担心后厨的卫生情况是否合格。平时订购外卖食品，也会担心食材的新鲜度和外卖餐厅的卫生情况。

贾女士谈及食品安全时说："平时买菜我会担心食材的卫生情况，会尽量买一些干净新鲜的食材。外出吃饭也会担心餐厅的卫生情况，毕竟好多餐厅我们都看不到他们的厨房。另外，外卖食品不干净的问题时有发生，偶尔会因为吃外卖食品而生病。总之，我认为宁波市的食品安全较为一般。"

3. 疫苗事件频发，公共卫生面临严峻考验

非典疫情、禽流感疫情以及埃博拉疫情等使人们认识到了公共卫生安全的重要性。受访者对于疫苗问题和抗生素滥用问题等，表示非常担忧，并希望政府加大监督力度和惩罚力度。

刘女士表示："我觉得发生问题疫苗或者抗生素滥用等事件的原因是政府监管水平有待提高。相对于问题疫苗，抗生素滥用这个问题我更为担心。"

三、提升宁波市城市公共安全的有关建议

城市是人类文明与创新的核心载体，安全是现代化城市的第一要素，城市安全是城市可持续发展的重要保障。宁波市受访者从自身实际和生活体验出发，表达了自己对于城市公共安全各分项满意和不满意的观点及原因，并积极为解决现存城市公共安全问题建言献策。

（一）加强公众安全意识教育

访谈过程中受访者多次提到希望政府部门加强公众安全意识、提高公众素质、增强公众参与感。宁波市部分居民对公共安全问题重视不足，主要是由于缺乏公共安全方面的知识。加强公众安全意识教育的主要责任在政府，政府应该建立自身主导的公共安全宣传引导系统，注重提高公众公共安全防范意识，普及公共安全防范知识，强化对公众公共安全知识的宣传教育，从而提高公众维护公共安全的能力和水平。

刘女士表示："对于基础设施，政府要定期派人检查、维修并时刻关注这一问题。对于企业生产，政府要加强监管，执法人员要深入企业，了解真实的生产情况。对于公众，政府要加强宣传教育，提高公众素质，增强安全意识，逐步提高安全感。"

李同学说："政府要多做实事，真正地为老百姓服务，思民所思，忧民所忧。政府工作人员要树立安全无小事的意识，加强立法和监管，重视宣传和教育。"

（二）健全公共安全管理信息公开制度

公共安全危机事件的发生会引起广大社会公众和新闻媒体的极大关注。政府有关部门需要畅通信息共享渠道，把必要的信息公之于众，让公众及时了解危机事态和危机事件的处理情况。政府信息公开要做到及时准确，争取在第一时间把公共安全信息公之于众，避免公众从非正式渠道获取虚假信息，给政

府工作造成被动局面。

刘先生说:“我认为宁波市在食品安全方面做得挺好,比如我们市场里面有一个卫生监督检验部门,每天他们会对菜市场里的蔬菜或肉类进行取样检测,并把检测结果写在告示栏上,及时公开信息。”

(三)加强信息网络治理,推进网络立法进程

现代技术的发展,使人们面临很多网络安全威胁:个人隐私泄露、网络诈骗等。重视网络信息安全,加快网络立法进程已是大势所趋。政府部门一方面要完善信息安全的管理机制,提升公众网络安全素养。另一方面要不断提高网络安全法治保障水平和网络治理实践能力,增强网络安全防御能力和威慑能力,将网络安全风险控制在可接受的范围内。

刘先生说:“政府部门要重视信息安全,加强对信息安全方面知识的宣传,以及创新信息安全监管方式。电信部门要加强管理,严厉打击贩卖个人信息的行为。公众自身要加强防范,提高辨别信息真假的能力。”

上 海 篇

访谈时间： 2019 年 7 月 12 日—7 月 17 日

访谈地点： 虹口区、徐汇区、黄浦区、杨浦区、浦东新区、普陀区

访谈人员： 段月岚

一、调查背景

调查背景部分包含了对上海市的介绍、访谈概况和受访者基本信息。城市介绍部分对上海市概况进行描述，使得读者对该城市有了直观印象；访谈概况部分对本次访谈做了介绍，包括实施访谈的背景、时间、地点、目标等；受访者基本信息部分对本次访谈的所有受访者身份信息进行梳理，进而归纳总结出受访者构成比例和身份信息，使得受访者基本情况一目了然。

（一）上海市介绍

上海市，简称“沪”，别称“申”，是中国经济发展最活跃、开放程度最高、创新能力最强的区域之一。上海市位于北纬 31°14′、东经 121°29′，地处太平洋西岸，亚洲大陆东部，是长江三角洲冲积平原的一部分，西接江苏省、浙江省，北接长江入海口，是一个良好的江海港口。上海市属北亚热带季风气候，四季分明，日照充分，雨量充沛，气候温和湿润，春秋较短，冬夏较长。上海市行政区划面积 6 340.5 平方千米，下辖 16 个区。①

（二）访谈概况

习近平总书记指出：“公共安全建设对于构建和谐社会，推动全面小康建设，乃至于中华民族的伟大复兴都具有非常现实和深远的意义。”城市公共安全

① 来源于上海市人民政府网站。

是城市经济发展与社会进步的前提条件,是世界共同关注的热点问题。近年来,我国城市公共安全事件频发、影响逐步扩大,城市公共安全管理面临前所未有的严峻挑战。此次在上海市的访谈,从2019年7月12日至2019年7月17日,访谈地点选取了上海市的虹口区、徐汇区、黄浦区、杨浦区、浦东新区、普陀区等6个区。访谈采用深度访谈的形式,挖掘城市居民对于城市公共安全的感受,为城市公共安全领域的后续研究提供了第一手资料。

(三)受访者基本信息

在受访群体的选择上,尽量考虑到不同性别、不同年龄和不同职业的上海市居民,且选取在上海市居住两年以上的受访对象,使其观点更具有可信性。总体来看,受访样本兼顾了年龄、性别、职业等的分布合理性。

在受访的20名上海市居民中:从性别上看,男性受访者12人,女性受访者8人。从年龄分布上看,20～30岁的4人,31～40岁的9人,40岁以上的7人。此次随机访谈人群较为集中在中老年群体,中老年群体在上海市生活得比较久,对上海市的城市公共安全了解也较全面。上海市发展飞快,上海市城市公共安全的各方面都有着较大变化,中老年群体生活时间长,对上海市城市公共安全的感受与体验更为丰富。从职业分布上看,有退休人员、公务员、个体经营者以及企业工作人员等,职业范围比较广泛,最大程度上兼顾了不同职业背景的人群对于城市公共安全问题的感受。

二、上海市城市公共安全评价

城市公共安全评价反映的是城市居民对整个城市环境的安全感知情况,关系到政府角色、公共政策、行政管理行为、人民生活、社会稳定等多个方面。本次访谈从更加全面的角度编制了城市居民公共安全状况访谈提纲,通过了解上海市居民的公共安全状况,呈现出上海市的城市公共安全现状、面临的挑战以及存在的问题,为上海市政府的公共治理提供一些建设性的意见和建议。访谈发现,从某种层面上来说,一个城市的居民公共安全感越强,居民对城市公共安全的评价越高;反之,如果一个城市的居民公共安全越低,那么就意味着居民对城市公共安全的评价越低。

(一)上海市城市公共安全整体评价

城市公共安全评价是城市居民对一个城市公共安全状况的主观衡量。本次访谈通过受访者对自然安全、生态安全、公共场所设施安全、食品安全、公共卫生安全、交通安全、社会治安安全、社会保障安全、信息安全等9个方面的评价，得出受访者对上海市城市公共安全状况最满意和最不满意的若干方面，从而发现上海市城市公共安全状况的显性和隐性问题，为上海市政府的公共治理提供方向。

1. 令人满意的上海市城市公共安全状况

当谈及比较满意的城市公共安全状况时，令受访者满意的城市公共安全状况前3位分别是自然安全、社会治安安全和生态安全。在20位受访者中，有20位受访者对上海市的自然安全感到满意，18位受访者对上海市的社会治安安全感到满意，17位受访者对上海市的生态安全感到满意。这反映出受访者对上海市政府在自然安全、社会治安安全、生态安全等方面公共治理的认可。令人满意的上海市城市公共安全状况，见图1。

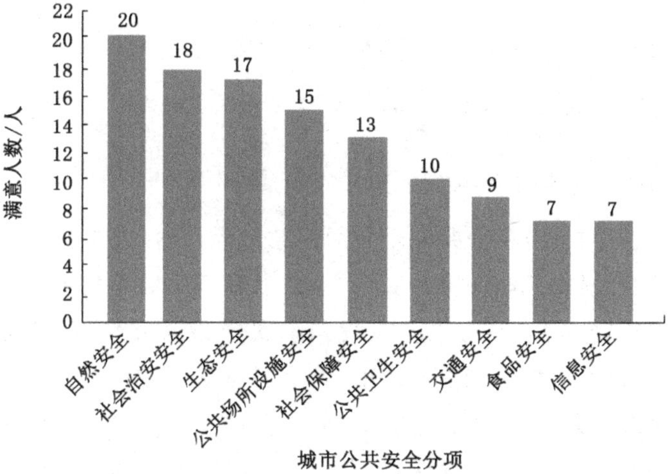

图1　令人满意的上海市城市公共安全状况

2. 令人不满意的上海市城市公共安全状况

在本次访谈过程中，受访者除了对自然安全、社会治安安全、生态安全等方面比较满意外，对其他方面的城市公共安全满意还有待提高。根据访谈结果，令受访者不满意的城市公共安全状况前3位分别是信息安全、食品安全和公共卫生安全。在20位受访者中，有16位受访者对上海市的信息安全感到不满意，有14位受访者对上海市的食品安全感到不满意，有12位受访者对上海市的公共卫生安全感到不满意。这反映出上海市政府在信息安全、食品安全、公共卫生安全等方面的公共治理还有待加强。令人不满意的上海市城市公共安全状况，见图 2。

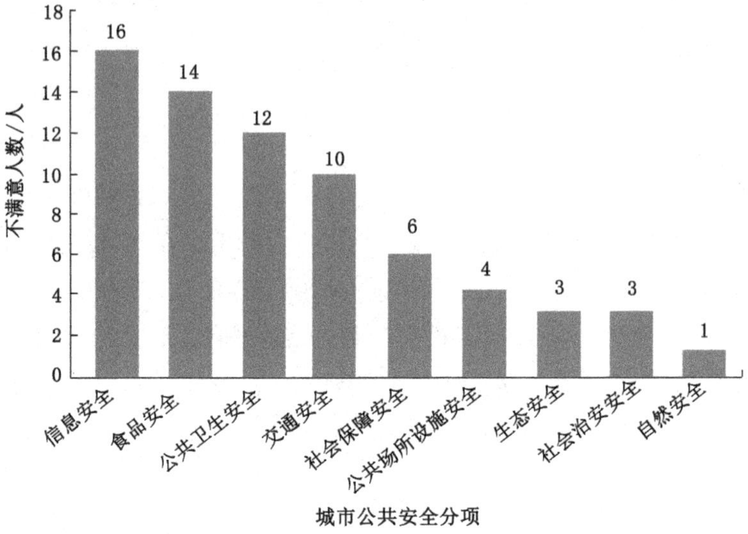

图 2　令人不满意的上海市城市公共安全状况

（二）上海市城市公共安全分项评价高的原因

当问及受访者对上海市公共安全方面满意的原因时，大多数受访者表示这与上海市的地理环境相关。在自然安全方面，上海市不处于我国板块碰撞活跃地带，发生地震的概率小，平均温度在我国不属于高温天气，年平均降雨量一般，降雪量极少，辖区内少山多平原地带，发生泥石流可能性小。在社会治安安全方面，虽然上海市是一个国际化的城市，人口流量比较大，但是社会治安良好，盗窃抢劫等违法行为较少，居民素质较高，扫黑除恶专项斗争做得也非常到位。在生态安全方面，一是，上海市政府一直在做绿化工程，空气污染治理良好；二是，上海市的水污染治理取得了显著成效，上海市的河长制与湖长制落实得到位，每条河流都有专人负责，水质明显比以前好多了；三是，上海市的垃圾分类走在了其他城市的前列。

1. 地理位置优越，自然灾害稀少

首先，上海市辖区内少山多平原地带，发生泥石流可能性小，少河流，且长江入海口的位置比较宽阔，洪水泛滥概率小；其次，上海市不处于我国板块碰撞活跃地带，发生地震的概率较小；再次，上海市属于北亚热带季风气候，四季分明，降雨适中，不易发生大的洪涝灾害。虽然在每年的七八月份，上海市可能会受台风的影响，但是影响不是很大。上海市政府积极采取了各种自然灾害防范治理措施，另外现代科技的发展也为自然灾害的预测提供了便利。例如，天气预报越来越精准，加之各种预防台风和地震的相关场所与设施的建立，这些都有效地减轻或避免了自然灾害造成的严重后果。

陈大爷说了自己在自然安全方面的一些感悟："上海市在自然灾害预防这方面做得挺好，自然安全方面没有太大问题。前两年主要是城市排水的问题，这两年已经好多了，像小区积水、马路积水等情况很少看到了。对于台风，上海市政府也比较关注。一旦台风来临，防灾减灾部门就会安排社区志愿者巡逻，检查居民家中阳台上面有没有花盆、社区是不是有不牢固的树木以及不牢固的建筑，并给居民相应的提醒。"

2. 治安环境良好，社会秩序稳定

上海市的社会治安总的来说做得比较好，基本没有发生过大的社会安全事件。上海市属于国际化大都市，国际化程度较高，一旦发生大的治安事件，负面舆情将很难控制，因此上海市在警力与监控设备的配备上都做得非常到位。在公共安全问题方面，随着上海市政府一系列常态化社会治安行动的开展，社会秩序得到了维护和巩固；依托大数据提升了办案能力，实现了从事后破案到事前预警的高效转变。此外，为破解超大城市治理难题，上海市政府借助智能系统、技术设备等，逐渐推动城市治理走向精细化。

周女士说："上海市社会治安管理这方面做得挺不错。近些年政府大力整治市场环境，严打小偷，也开展了一系列社会治安专项行动，整治了一些不法行为。前些年道路上的窨井盖经常被偷，现在就没再看到过，新闻也没再听到过了。在一些繁华地段或人口密集的地方，会有不定时的巡逻队，社区的民警也会进行巡逻，小偷越来越少，整体社会治安状况都在好转。此外，社区居住环境也越来越安全，进小区需要刷门禁卡，陌生人进小区必须登记，外来租客也要登记入档，安保措施比较完善。"

3. 垃圾分类进入新时代，水污染治理效果显著

在垃圾分类方面，2019 年 7 月 1 日起，《上海市生活垃圾管理条例》正式实施，这标志着上海市生活垃圾分类进入实质操作层面。经过前期试点，上海市垃圾分类实效快速提升。同时，《上海市生活垃圾管理条例》相关的配套制度已基本建立完成，垃圾分类目录及投放要求、生活垃圾处置总量控制办法等陆续出台，上海市各小区的社区委员会、居委会成员以及楼组长等工作人员也在做相关的引导、指挥、监督与服务工作。在河水治理方面，上海市实行河长制与湖

长制,并配有专人进行垃圾清理,水质明显变好。此外,上海市的城市污水处理系统也在逐渐升级并不断优化。随着工业布局、城市布局的调整和城市下水道管网的建设与完善,城市污水处理系统可逐步实现城市污水的集中处理,使城市污水处理与工业废水治理结合起来。

周女士表示:上海市空气质量相对其他城市来说好很多,但是确实也有一些雾霾天气,不过现在我看到这种情况有很大的改变,这可能和目前的公交车全部都是电的有一定关系。针对私家车的限号政策,一定程度上也会减少废气排放。针对工厂废气,现在上海市市中心范围内几乎是没有工厂的,郊区比如黄浦区可能化工企业比较多一点。总之,仅从上海市市中心的角度上来说,商业比工业多,几乎看不到市区有工厂排污。另外,现在的城市水治理也改进了很多,上海市城市里面的河流水质也比以前好了很多。

王女士是一名社区工作人员,她讲述了自己社区在垃圾分类方面的一些细节:"第一个感觉是走在我们小区里看不到垃圾了,原来是每栋楼下面都有垃圾桶,没有及时清运的话就会很乱和不干净。现在干干净净的,垃圾分类投放,后续再回收再利用的话也方便。我们这里的居民垃圾分类意识很强。"

(三)上海市城市公共安全分项评价低的原因

在本次访谈中,受访者除了对自然安全、社会治安安全、生态安全等方面比较满意外,对其他方面的城市公共安全满意度还有待提高。有很多受访者直接表达了对于城市公共安全某些方面的不满态度。信息安全、食品安全、公共卫生安全等方面的问题比较集中、突出。在信息安全方面,随着现代科技的发展,大数据时代信息透明化程度较高,受访者普遍反映个人信息安全遭受严重威胁,个人账号密码被盗、个人信息泄露、骚扰电话不断等问题比较突出。在食品安全方面,"三无"产品尚存,第三方网购平台问题突出。在公共卫生安全方面,虽然在抗生素滥用方面政府管控比较好,但是在长春长生疫苗事件之后,受访者对疫苗质量表现出了担忧。尤其是年轻的妈妈们,她们非常担心孩子接种到问题疫苗。

1. 个人信息泄露严重,网络诈骗手段多样

信息技术快速发展,给公众带来便利的同时也带来了较多安全隐患,公众仿佛生活在一个透明的环境里,个人隐私保障尚不完善。

徐女士说:"每天总有人给我打电话,说是保险公司的,询问以前买过什么产品?现在要回馈老客户,可以去领产品。另外就是卖房的推销电话。再有就

是以家人的名义发短信,说有急事需要多少钱,这种信息我们经常能收到。收到的这些电话或短信,说明我们个人的信息被泄露了,而这些问题仅靠个人是没办法解决的,政府机构要想办法,要加强对电信机构的管理。”

2.“三无”食品尚存,第三方网购平台问题突出

食品安全问题,不仅是上海市居民关心的问题,更是全国关注的一个问题。造成上海市居民对食品安全不满的原因如下:将超过保质期的食品重新加工并销售、未取得食品生产经营许可证开展食品生产经营活动或者超出食品生产许可范围开展食品生产经营活动、超范围使用食品添加剂、食品标签不符合食品安全标准等。通过相关数据分析,发生在网购渠道的涉食品安全案件数量大于发生在实体交易领域的涉食品安全案件,并且网店出现了实际经营主体与入网登记证照主体不一致、已被认定为不符合食品安全标准的食品仍然公开销售、销售未取得食品生产经营许可证的自制食品、违规销售保健食品等现象。这一方面反映出第三方网购平台在食品销售领域存在的问题较为突出,另一方面也反映出第三方网购平台在落实监管责任、履行监管义务等方面存在不足。上海市食品监管部门需严厉打击危害食品安全犯罪的行为,妥善处理涉食品安全案件的纠纷,加大对食品安全的保护力度,不断提升人民群众的安全感。

王女士表示:“我最不满意的是食品安全。食品质量安全问题有待进一步解决,政府对食品安全及监管的宣传较少,必要的突击检查也较少。我认为解决食品安全问题,政府应该首先解决食品监管问题。由于发展阶段、产业素质等一系列错综复杂的原因,我国某种程度上正处于食品药品安全风险的高发期和矛盾凸显期,食品药品安全监管机制、制度还不尽完善。一些新组建的基层食品药品检验检测中心人员及设施设备缺乏,短期内调剂补充食药相关方面的专业人员困难大,政府的监管还不能完全适应形势发展的需要。除此之外,在食品药品领域,安全风险仍然存在于生产、流通、使用等各个环节。同时,食品药品安全风险又具有社会性、广泛性和不确定性,因此,保障食品药品安全仍然是一项复杂、艰巨和长期性的任务。”

3.“问题疫苗”事件爆发,“看病难”依然存在

公共卫生安全方面,当被问及是否会担心问题疫苗事件、就医难等问题时,多数人的答案是肯定的。一方面,自从长春长生疫苗事件发生后,部分受访者表示担心自家孩子会接种到问题疫苗,有的受访者反映疫苗是真是假他们并不清楚,因为不知道查疫苗真伪的渠道。另一方面,“看病难”问题依然存在,大部

分居民会选择比较知名的医院，这样就造成了部分医院就医难的问题，有些时候挂号要提前很久预约，一些知名专家很难预约上。排队问诊、排队检查、排队缴费，看病过程需要花费较多时间，这也在一定程度上反映出我国医疗资源分配的不均衡。

张女士说："公共卫生安全方面有待进一步加强管理。之前说的问题疫苗挺可怕，但在上海市目前还没碰到。问题疫苗，如果家里有刚出生的宝宝，肯定是最关心的。"

三、提升上海市城市公共安全的有关建议

城市公共安全治理任重道远，政府肩负着重大的责任。政府作为城市公共安全治理的主体，不仅是城市公共安全治理的直接推动者，同时也是政策的制定者和实施者。另外，城市公共安全治理政策的创新要充分尊重人民的主体地位，发挥人民群众是物质和精神财富创造者的优势，不断探索反映人民群众意志的治理路径。上海市受访者从自身实际和生活体验出发，表达了他们对于上海市城市公共安全各分项满意和不满意的观点及原因，并积极为解决现存城市公共安全问题建言献策。

（一）加大公共安全教育与宣传，增强居民参与感与认同感

在城市公共安全治理过程中，政府部门要坚持宣传先行、教育先行，宣传教育为城市公共安全各种问题的解决做了前期准备。从受访者的反馈来看，关于城市公共安全知识的宣传一方面是通过社区以及一些公共场所的活动。另一方面是通过网络、电视广播等途径。此外，为了更好地取得宣传成效，可在宣传形式上寻求创新，以增强宣传教育工作的实效性。

张先生认为："安全教育工作意义重大，应当从孩子抓起。学校教育要重视学生安全意识的培养，可以通过定期开展安全知识讲座、进行消防演习等形式，让孩子们从小树立安全意识。"

陆先生认为："在交通安全管理方面，道路交通安全的三要素即人、车、路，是一个复杂的动态关系，路是基础、车是纽带、人是中心，在道路交通安全中人是最关键的因素。交通安全宣传工作应针对交通参与者进行教育、警示，以不断提高交通参与者的交通安全意识，使其自觉遵守交通法规，减少交通事故的发生，维护有序、畅通、文明的交通环境。"

孙女士认为："在食品安全方面，政府可以在小区里设置安全宣传标语，利

用大众传媒、实体张贴海报、交通工具流动放映宣传视频等渠道宣传安全知识，使安全知识深入人心。此外，要加强食品监管的透明度，最终的检查结果要公开透明，放在老百姓能看得见的地方”。

社区工作者王女士认为：“在生态安全方面，上海市在垃圾分类方面无疑做得很好，相关的宣传与教育工作做得也比较到位，后续政府还需要继续加大宣传力度，并致力垃圾分类相关技术的开发。”

（二）完善组织机构设置，拓展监管覆盖面

当前我国公共安全监管部门通常只设置到县级一层，并且工作人员较少，监管能力不足。为了确保地方基层公共安全工作不留死角，实现安全监管工作的纵向发展，政府要努力完善基层公共安全管理机构。地方政府一方面要建立食品药品监管站，设置相关的管理员，将其监管工作纳入年底考核成绩；另一方面，要完善安全监管网络，解决地方基层监管力量薄弱的问题，将公共安全监管触角延伸到社区，真正建立起纵向发展的公共安全监管网络。此外，强化风险意识是城市公共安全管理的基础。当前我国已跨入风险社会，公共危机随时都有可能发生。这就要求政府不但需要有计划地对各级党政干部进行必要的危机管理培训，切实提升基层领导干部科学防范与处置公共危机事件的能力，而且要对公众开展预防危机的宣传教育活动与自救能力培训。

杨大爷表示：“我是一名共产党员，以前在事业单位工作，对部门机构的建设比较了解。我认为政府部门在公共安全监管方面还是存在一些漏洞的，例如一些监管部门功能不够齐全，某些绩效考核缺乏标准化，基层监管力量薄弱，监管力度存在区域差异化，监管缺乏公开透明性，等等。”

有受访者认为：“针对食品安全问题，应强化常态化监管。政府应该提早加强防范，多一些防范，少一些事后处理。”

有受访者认为：“问题疫苗事件从根本上来说还是监管的缺失，制药公司应该完善自己的制度，政府部门也应该加强对制药公司的监管。食品外卖平台管理方面，应当加强对外卖网络经营许可证的审查管理。”

（三）建立健全相关法律法规，重视网络舆情引导

目前我国公共安全方面的法律法规还不够完善，个别法律的可操作性不强，法律条文规定过于笼统。此外，政府要重视网络舆情引导和控制方面的工

作。当公共安全问题爆发时,政府如果不能及时监控并积极引导社会舆论、回应公众诉求,就很有可能使得事态朝着紧张的方向恶化,而若能及时有效地引导公共安全舆情,了解公众诉求,做好风险沟通,就能很大程度上化解公共安全危机。

刘女士表示:“在食品安全方面,要加强法律法规建设,严格保护消费者的权益,食品监管部门要定期抽查,不能放松。监管人员要经常性调动,不要固定一个人管一片区域,以增加监管的有效性,另外,奖励与惩罚措施相结合,对于食品安全的监管也许会起到好的作用。”

(四)落实问责制度,优化公共安全治理结构

地方政府在公共安全管理工作中负有一系列的责任,例如政治责任、社会责任、法律责任等,所以要强化公务人员问责制度,以实现管理工作的制度化、法治化。政府要严格执行公务人员问责制度,要落实责任追究制度,保证达到权责一致的效果。

大部分受访者认为河长制与湖长制制度的落实对河水污染治理起到了很好的作用,而制度之所以发挥作用的原因是责任到人。所以,受访者认为,在解决公共安全问题时,责任到人、落实问责制度,一定程度上能解决公共安全问题。

(五)加强信息网络治理,严厉打击网络诈骗行为

随着信息化时代的到来,网络诈骗的形式也呈现多样化:① 冒充购物网站实施诈骗;② 以低价为诱惑实施诈骗;③ 网络游戏交易中实施诈骗;④ 利用电信实施银行卡诈骗;⑤ 冒充亲朋好友实施诈骗;⑥ 通过网络兼职形式实施诈骗。

政府一方面,要加大网络监管力度,严厉打击网络诈骗行为,要健全信息网络方面的法律法规,并利用人工智能等技术手段创新网络治理方式;另一方面,要加强宣传与教育,尤其是针对老人与孩子,应进一步增强这类人群的安全意识。

张先生认为:“应当净化网络环境,加强监管,尤其要加大网警监管力度,培养专业人才队伍,提高监管技术科技含量。”

有受访者表示:“各种形式的安全威胁充斥着网络空间,针对当前形式各异的网络攻击、病毒传播,政府应当加大相关技术管理人员培训力度,有效应对网

络信息安全的挑战。政府应该加强对网上造谣跟风分子的监控，加强对网络舆论的监控和引导力度，营造良好的网络氛围。”

（六）建立完善城市公共安全配套机制

一是建立完善的城市公共安全预警机制，充分借助城市应急信息平台等先进的科学安全技术，可以实现准确预警，协助相关部门做好应对准备；二是完善城市公共安全应急信息传递机制，时刻保持信息通道畅通；三是完善社会各组织机构沟通与动员制度，以城市主要媒介为依托，以最快速度发布权威有效的城市公共安全信息；四是健全城市公共安全监督制度与协调机制等。

李先生表示：“在公共场所设施安全方面，要健全安全监管长效机制，对涉及大型活动的人流聚集场所，可以学习公共场所安全管控的有效经验。政府相关部门要明确职责，对重大活动的人流情况要做出事前预判；对可能发生的突发事件，要有切实可行的应急预案；对人流可能达到拥挤临界点的场所要有限流措施，并组织公安、武警人员进行人流引导；对有上下坡道、台阶的通道，要有单向通行设施，设立铁栅栏分隔和警示标志牌；同时，结合地面人流拥挤状况，地铁管理部门要对地铁口采取应急管理措施。”

石家庄篇

访谈时间： 2019 年 8 月 10 日—8 月 14 日

访谈地点： 长安区、桥西区、新华区、裕华区

访谈人员： 解宸

一、调查背景

调查背景包含对目标城市石家庄市的城市介绍、访谈概况和受访者基本信息。城市介绍部分对城市概况进行描述，方便读者对该城市有一个直观印象；访谈概况部分对本次访谈做了介绍，包括实施访谈的时间、地点、目标等；受访者基本信息部分对本次访谈的所有受访者身份信息进行了梳理，包括受访者性别、年龄、职业等，使得受访者情况一目了然。

（一）石家庄市介绍

石家庄，简称“石”，是河北省省会，全省政治、经济、科技、金融、文化和信息中心，是国务院批准实行沿海开放政策、金融对外开放及批复确定的中国京津冀地区重要中心城市，也是全国重要的商品集散地和北方重要的大商埠、全国性商贸会展中心城市、中国国际数字经济博览会永久举办地及中国（河北）自由贸易试验区。石家庄市辖 8 区、13 县（市）、2 个国家级开发区，行政区域总面积 13 504 平方千米（不包括河北省直管辛集市面积 960 平方千米）。[①]

（二）访谈概况

习近平总书记指出：“公共安全建设对于构建和谐社会，推动全面小康建设，乃至于中华民族的伟大复兴都具有非常现实和深远的意义。”城市公共安全

① 来源于石家庄市人民政府网站。

是城市经济发展与社会进步的前提条件,是全社会共同关注的热点问题。近年来,我国城市公共安全事件频发,城市公共安全管理面临前所未有的严峻挑战。中国矿业大学基于"中国城市公共安全管理智库"这一平台,对我国部分城市公共安全状况进行了访谈。此次对石家庄市的访谈,时间为 2019 年 8 月 10 日至 2019 年 8 月 14 日,地点为长安区、桥西区、新华区、裕华区。访谈采用深度访谈的形式,挖掘城市居民对于城市各类公共安全的真实感受,为城市公共安全领域的后续研究提供第一手资料。

(三)受访者基本信息

在受访群体的选择上,尽量考虑到不同性别、不同年龄和不同职业的石家庄市居民,且选取在石家庄市居住两年以上的访谈对象,使其观点更具有可信性。总体来看,受访样本兼顾了年龄、性别、职业等的分布合理性。

在受访的 20 名居民中,从性别上看,男性受访者 12 人,女性受访者 8 人。从年龄分布上看,20 岁以下的受访者 2 人,20~30 岁的受访者 14 人,31~40 岁的受访者 3 人,40 岁以上的受访者 1 人。此次受访人群较为集中在中青年群体,中青年群体正享受着我国经济飞速发展所带来的各种便利,他们对城市公共安全的感受与体验也十分丰富。从职业分布上看,有学生、公务员、个体经营者以及企业工作人员等,职业范围比较广泛,最大程度上兼顾了不同职业背景者对于城市公共安全问题的感受。

二、石家庄市城市公共安全评价

城市公共安全评价反映的是城市居民对整个城市环境的安全感知程度,关系到政府角色、公共政策、行政管理行为、人民生活、社会稳定等多个层面。本次访谈从更加全面的角度编制了城市居民公共安全状况访谈提纲,通过了解石家庄市居民的公共安全状况,呈现出石家庄市的城市公共安全现状、面临的挑战以及存在的问题,为石家庄市政府的公共治理提供一些建设性的建议。

(一)石家庄市城市公共安全整体评价

城市公共安全评价是城市居民对一个城市公共安全状况的主观衡量。本次访谈通过受访者对自然安全、生态安全、公共场所设施安全、食品安全、公共卫生安全、交通安全、社会治安安全、社会保障安全、信息安全等 9 个方面的评价,得出受访者对石家庄市城市公共安全状况最满意和最不满意的若干方面,从而揭示石家庄市城市公共安全状况的显性和隐性问题,并为石家庄市政府的公共治理提供相关建议。

1. 令人满意的石家庄市城市公共安全状况

当谈及比较满意的城市公共安全状况时，令受访者满意的城市公共安全状况前 3 位依次是自然安全、社会治安安全、公共卫生安全。在 20 位受访者中，有 10 位受访者对石家庄市的自然安全感到满意，有 7 位受访者对石家庄市的社会治安安全感到满意，有 6 位受访者对石家庄市的公共卫生安全感到满意。受访者的满意状况反映出石家庄市政府在自然、社会治安、公共卫生等方面的公共治理获得了认可。令人满意的石家庄市城市公共安全状况，见图 1。

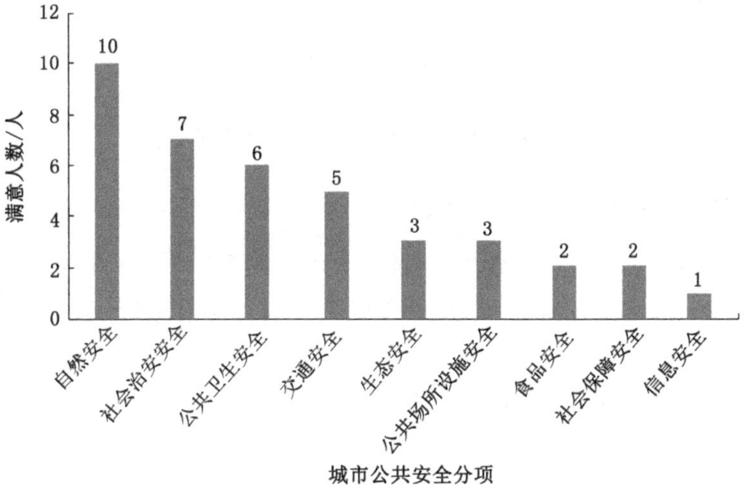

图 1　令人满意的石家庄市城市公共安全状况

2. 令人不满意的石家庄市城市公共安全状况

在本次访谈过程中，受访者除了对自然安全、社会治安安全、公共卫生安全等方面比较满意外，对其他方面的城市公共安全满意度还有待提高。根据访谈结果，令受访者不满意的城市公共安全状况前 3 位分别是生态安全、交通安全和食品安全。在 20 位受访者中，有 8 位受访者对石家庄市的生态安全感到不满意，有 7 位受访者对石家庄市的交通安全感到不满意，有 6 位受访者对石家庄市的食品安全感到不满意。受访者的不满意状况反映出石家庄市政府在生态、交通和食品等方面的公共治理还有待加强。令人不满意的石家庄市城市公共安全状况，见图 2。

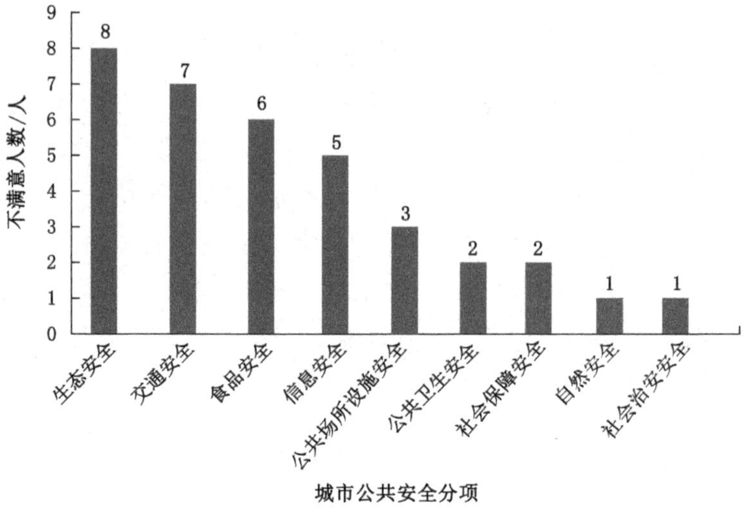

图2　令人不满意的石家庄市城市公共安全状况

（二）石家庄市城市公共安全分项评价高的原因

自然安全方面，石家庄市受台风、地震等自然灾害影响较小，且多数受访者表示，参加过多次自然灾害演练，专业的素养使大家在应对可能发生的自然灾害时拥有信心。社会治安安全方面，政府的各项整治措施使得城市治安得到了有效改善，例如加强巡逻、增派警力等。公共卫生安全方面，政府加强对医疗卫生服务的监督管理，很少会出现公共卫生安全事件。

1. 自然灾害较少，政府防范措施到位

石家庄市自然灾害总体情况平稳，洪涝、地震等灾害未造成过重大影响。全市防洪排涝基础设施较为完善，自然灾害监测预警能力逐步提高。政府加强应急物资、装备和专业队伍等应急保障能力建设，提高了自然灾害应急处置能力。

宋先生说："我对石家庄市的自然安全状况比较满意，地震在我的印象里没有发生过，偶尔的积水能得到很快处理，处理时间在半个小时左右，效率很高。"

严先生说："自然安全状况我很满意，石家庄市很少出现台风，地震在我的印象里也没有发生过。自然灾害这方面我一点也不担心。"

2. 完善配套设施，充实治安队伍

为应对社会治安问题，政府采取了一系列措施。一方面依托大数据，在各个路口安装高清监控摄像头，实时动态监测预警，及时消除风险隐患；另一方面做强基层队伍，夯实治安防控，将社区民警、物业工作人员、志愿者等纳入治安队伍，辖区居民如遇到被盗、被抢、被骗等突发事件，他们可以实现快速反应、快速出警，形成了“一站式、多功能、全天候”的警务自助服务平台。

薛女士说：“石家庄市的社会治安整体比较好。我一直在石家庄市生活，现在石家庄市马路上均安装有监控，基本上不会发生抢劫、打人这种事情。另外，马路上每天都有巡逻人员，居民日常出行是比较安全的。”

周先生说：“石家庄市的社会治安不错，白天晚上都有人员巡逻，一个人在夜晚出行一点都不会担心。”

3. 医疗卫生条件优化，就医体验提升

受访者表示，如今石家庄市的大小医院就医环境都是令人放心的。这得益于政府相关部门加强了对医疗卫生服务的监督管理，以及对医疗卫生服务机构实行的严格准入制度，医院服务人性化，居民看病体验感较好。

王女士说：“医院的卫生状况我比较满意，石家庄市大型的小型的医院我都去过，非常正规。医生也都从实际情况出发给我开药，不存在乱开药的现象。”

李先生说：“公共卫生安全方面，总的来说我很满意。我的就医感受都比较好，不会担心公共卫生安全问题。”

（三）石家庄市城市公共安全分项评价低的原因

生态安全方面，重工业企业较多，空气质量较差，雾霾现象比较严重；交通安全方面，居民交通安全意识淡薄，不文明的交通行为屡禁不止；食品安全方面，食品卫生问题依然存在，政府监管仍需加强。

1. 空气质量不高，雾霾现象较为严重

一方面，石家庄市的重工业企业较多，污染排放量相对较大，以及建筑施工过程中也会产生大量扬尘，空气质量堪忧；另一方面，随着居民生活质量的提升，汽车普及率逐年提高，汽车尾气排放一定程度上加剧了空气污染。受访者反映，石家庄市的雾霾比较严重。

栗女士说：“石家庄市的空气质量不容乐观，雾霾比较严重，近几年虽然有所改观但是还不能让人满意。”

2. 交通安全意识淡薄，交通秩序难维护

虽然石家庄市居民的文明程度在不断提高，但是在出行方面还存在较多问题。例如，部分司机随意停车、违章掉头、强行超车、超载超速行驶等；部分行人不走人行道、横跨交通隔离栏等。此外,部分居民对交通管理工作不理解、不支持、不服从,也给石家庄市的城市交通管理工作带来了负面影响。

受访者说:“交通安全状况我不太满意,行人违反交通规则的现象在石家庄市很普遍。早晨上班时间,如果居民互相让一让,道路一般不会非常拥堵,但大多数情况下大家都不相礼让,最后只能依靠交警现场疏导交通。”

3. 食品卫生令人担忧,规范化程度有待提高

民以食为天,食以安为先。食品安全直接关系到公众的身体健康和生命安全。随着经济的高速发展,公众生活水平的不断提高,我国餐饮业发展迅速。在各种饭店数量急剧增加的同时,餐饮业中的卫生问题日渐突出,卫生规范化程度有待提高。受访者表示,餐馆的后厨大多是消费者看不到的,这让不少消费者就餐时对厨房是否干净卫生、烹饪是否安全规范等问题心存疑虑。

有受访者认为:“我担心食品安全问题,是因为它与公众的生命健康息息相关。石家庄市的大饭店卫生状况相对较好,小饭店的卫生情况则很难保证。”

三、提升石家庄市城市公共安全的有关建议

城市公共安全治理任重道远,政府肩负着主要责任。政府作为城市公共安全治理的主体,不仅是城市公共安全治理的直接推动者,同时也是政策的制定者和实施者。当然,城市公共安全治理政策创新要充分尊重人民群众的主体地位,发挥人民群众物质和精神财富创造者的优势,不断探索反映人民群众意志的治理路径。石家庄市受访者从自身实际和生活体验出发,表达了自己对于城市公共安全各分项满意和不满意的观点及原因,并积极为解决现存城市公共安全问题建言献策。

(一)加强道路建设,合理规划城市道路

一是,加强道路建设。要将城市道路所能提供的交通方式,由间断流交通方式(即每到交叉路口需要停车等待绿灯)逐步改造为连续流交通方式(无红绿灯,无冲突点,途中无须停车),实现道路交通特性与车流特性相匹配。也就是说,要在平面交叉路口建设地下人行通道、高架快速公路桥,形成立体交通,提高通行能力。二是,合理规划城市道路。政府要对道路的布局有科学合理的远期规划,用地和预留地要考虑城市的发展及建设标准。其优势体现在一方面市区内的车辆能够在很短的距离内上路出行,另一方面这些路在城市扩张后将包

容在市区内，从而发挥疏导城市交通流的强大作用。

受访者认为："堵车的根源，从某种层面来说，是道路规划的不合理。城市化进程不断加快，城市面积不断扩张，政府在建设城市道路时，要有长远思维，通过更细化、层次更多的道路分类来满足现实的客观需求。"

（二）增强居民参与意识，营造城市安全的良好氛围

受访者表示，在城市生活中，政府应倡导居民增强参与意识，贡献自身力量。在宣传渠道上，政府应避免单一渠道，可综合利用电视、广播、报纸、新型社交媒体和官方网站等途径向居民传递公共安全知识，引起居民的关注，鼓励居民参与。有效宣传居民参与城市建设的重要性，能够增强居民的责任感，形成一个全民参与、关心城市安全的良好氛围，为城市的稳定与发展提供坚实的基础。

受访者认为："在城市建设中，政府相关部门、居民都应该贡献自己的力量，积极主动去做一些力所能及的事情。"

受访者提出："关于城市公共安全知识的宣传是必要的，居民只有先了解相关知识，才能深入其中，成为维护城市公共安全的一员。"

（三）加大执法力度，加强政府监管

受访者提出政府相关部门应严格执法，加大惩罚力度。政府监管部门在维护社会公共利益、监督市场秩序、保障社会安全和公正等方面发挥着重要作用，他们的工作对于建立健康、安全和有序的社会环境至关重要。政府应加强对不同行业的监管，确保企业和服务机构遵守法律法规，确保产品安全和服务质量，保障公众的权益。另外，政府应加强对新兴行业的监管，如外卖食品行业等，应完善新兴行业监管的法律法规。

受访者提出："政府应加大处罚力度，针对食材造假掺假，除了必要的罚款之外，严重时，可以吊销营业资格，让不法商家有所忌惮。如果仅采取罚款的措施，不排除个别商家为了利益仍会造假掺假。所以政府必须严格执法，加大惩罚力度。"

受访者认为："一定要加强对外卖食品商家的监管，外卖食品行业作为一个新兴行业，缺少完备的法律法规的约束，对他们的监管我觉得远远不够。政府需定期检查外卖食品原材料和外卖食品经营场所的卫生状况。"

（四）加强立法，推动政策落地

一方面，政府应制定相关法律法规，确保出台的措施有法可依。另一方面，政府各部门之间应建立有效的沟通机制和协作框架，确保政策落地，在面对一些安全隐患时，若能将出台的政策落实到位，且执行得当，将会大大提高政策的有效性，提升居民的公共安全感。

受访者提出："要加强立法，加大执法力度，这样才能减少一些损害公共安全的隐患。"

受访者表示："有时候不是没有政策，而是有政策，却实施不到位。因此，政府不仅要制定政策，更要监督政策的落实。"

太原篇

访谈时间：2019 年 8 月 15 日—8 月 19 日

访谈地点：迎泽区、万柏林区、杏花岭区、小店区

访谈人员：解宸

一、调查背景

调查背景包含对目标城市太原市的城市介绍、访谈概况和受访者基本信息。城市介绍部分对城市概况进行描述，方便读者对该城市有一个直观印象；访谈概况部分对本次访谈做了介绍，包括实施访谈的时间、地点、目标等；受访者基本信息部分对本次访谈的所有受访者身份信息进行了梳理，包括受访者性别、年龄、职业等，使受访者情况一目了然。

（一）太原市介绍

太原市，古称晋阳，别称并州、龙城，是山西省的省会，政治、经济、文化中心，也是中国北方著名的军事，文化重镇，世界闻名的晋商都会和中国最重要的能源、重工业基地之一。太原市地理坐标为北纬 37°27′～38°25′，东经111°30′～113°09′，北、东、西三面群山巍峙，北靠系舟山、云中山，东据太行山，西依吕梁山，南接晋中平原，汾水自北向南纵贯全境。太原市地处大陆内部，属于暖温带大陆性季风气候，冬寒夏热、春秋短促、昼夜温差大、降水少且集中。太原市总面积 6 988 平方千米，约占山西省总面积的 4.50%。①

（二）访谈概况

习近平总书记指出：“公共安全建设对于构建和谐社会，推动全面小康建

① 来源于太原市人民政府网站。

设,乃至于中华民族的伟大复兴都具有非常现实和深远的意义。”城市公共安全是城市经济发展与社会进步的前提条件,是全社会共同关注的热点问题。近年来,我国城市突发公共安全事件不断,城市公共安全管理面临前所未有的严峻挑战。中国矿业大学基于“中国城市公共安全管理智库”这一平台,对我国部分城市公共安全状况进行了访谈。此次在太原市的访谈时间为 2019 年 8 月 15 日至 2019 年 8 月 19 日,地点为迎泽区、万柏林区、杏花岭区以及小店区。访谈采用深度访谈的形式,挖掘城市居民对于城市各类公共安全的真实感受,为城市公共安全领域的后续研究提供第一手资料。

(三)受访者基本信息

在受访群体的选择上,尽量考虑到不同性别、不同年龄和不同职业的太原市居民,且选取在太原市居住 1 年以上的访谈对象,这使其观点更具有可信性。总体来看,受访样本兼顾了年龄、性别、职业等的分布合理性。

在受访的 20 名居民中,从性别上看,男性受访者 10 人,女性受访者 10 人。从年龄分布上看,20 岁以下的受访者 2 人,20～30 岁的受访者 13 人,31～40 岁的受访者 3 人,40 岁以上的受访者 2 人。受访者较为集中在中青年群体,中青年群体正享受着我国经济飞速发展所带来的各种便利,他们所处城市的生活各方面都有着较大的变化,其对城市公共安全的感受与体验十分丰富。从职业分布上看,有学生、公务员、个体经营者以及企业工作人员等,职业范围比较广泛,最大程度上兼顾了不同职业背景者对于城市公共安全问题的感受。

二、太原市城市公共安全评价

城市公共安全评价反映的是城市居民对整个城市环境的安全感知程度,关系到政府角色、公共政策、行政管理行为、人民生活、社会稳定等多个层面。本次访谈从更加全面的角度编制了城市居民公共安全状况访谈提纲,通过了解太原市居民的公共安全状况,呈现出太原市的城市公共安全现状、面临的挑战以及存在的问题,为太原市政府的公共治理提供一些建设性的建议。

(一)太原市城市公共安全整体评价

城市公共安全评价是城市居民对一个城市公共安全状况的主观衡量。本次访谈通过受访者对自然安全、生态安全、公共场所设施安全、食品安全、公共卫生安全、交通安全、社会治安安全、社会保障安全、信息安全等 9 个方面的评价,得出受访者对太原市城市公共安全状况最满意和最不满意的若干方面,从而揭示太原市城市公共安全状况的显性和隐性问题，并为太原市政府的公共治理提供相关建议。

1. 令人满意的太原市城市公共安全状况

当谈及比较满意的城市公共安全状况时，令受访者满意的城市公共安全状况排在前 3 位的分别是社会治安安全、自然安全和生态安全。在 20 位受访者中，有 8 位受访者对太原市的社会治安安全感到满意，有 6 位受访者对太原市的自然安全感到满意，有 6 位受访者对太原市的生态安全感到满意。受访者的满意状况反映出太原市政府在社会治安、自然、生态等方面的公共治理获得了认可。令人满意的太原市城市公共安全状况，见图 1。

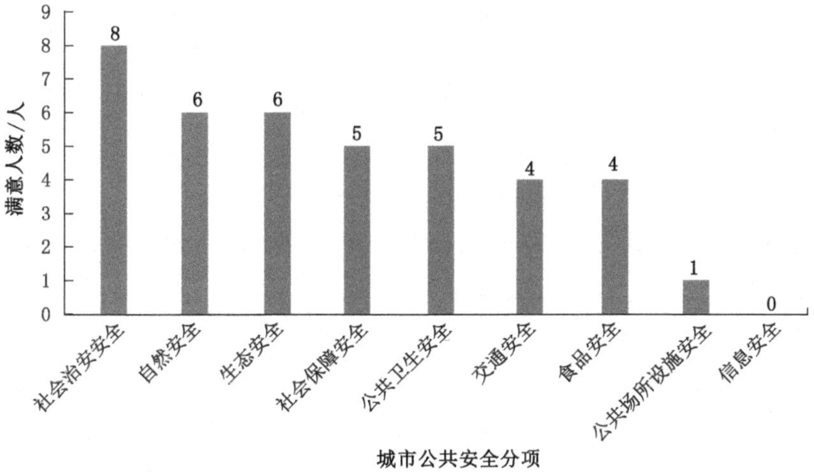

图 1　令人满意的太原市城市公共安全状况

2. 令人不满意的太原市城市公共安全状况

在本次访谈过程中，受访者除了对社会治安安全、自然安全、生态安全比较满意外，对其他方面的城市公共安全满意度还有待提高。根据访谈结果，令受访者不满意的城市公共安全状况前 3 位分别是食品安全、信息安全和社会保障安全。在 20 位受访者中，有 7 位受访者对太原市的食品安全感到不满意，有 6 位受访者对太原市的信息安全感到不满意，有 5 位受访者对太原市的社会保障安全感到不满意。受访者的不满意状况反映出太原市政府在食品、信息、社会保障等方面的公共治理还有待加强。令人不满意的太原市城市公共安全状况，见图 2。

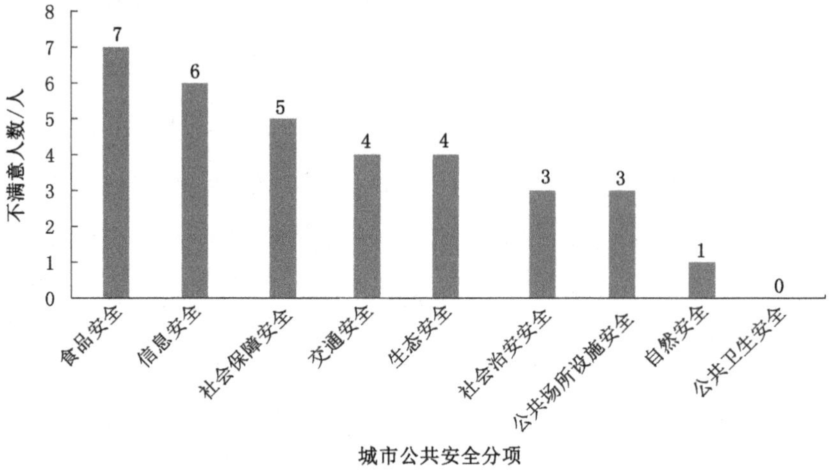

图 2　令人不满意的太原市城市公共安全状况

（二）太原市城市公共安全分项评价高的原因

当问及受访者对太原市公共安全方面评价高的原因，受访者给出了不同的答案。社会治安安全方面，政府对社会治安比较重视。例如，加大普法宣传提高居民安全意识；配备充足警力维护社会秩序。自然安全方面，太原市属于内陆城市，几乎不受台风影响，全年降雨量适中。生态安全方面，太原市坚持生态与发展并重，政府十分重视生态环境保护，绿化和空气污染等方面均得到了明显改善。

1. 政府治安管理水平提升，社会治安环境良好

一是，高度关注多发性民生案件，围绕居民反映较多的盗抢骗、黄赌毒等问题，强化整体打击、规模打击、精准打击，在提高破案率、压降发案率上取得了重要突破；二是，深入开展以城中村、城乡接合部、出租房屋等为重点的治安整治工作，切实增强居民的安全感。

葛先生说："太原市治安情况比前几年好多了，我现在居住的社区，很少发生偷盗的事情。电视里经常播出的普法节目在一定意义上起到了减少犯罪的作用。另外，太原市政府在加大社会治安管控力度、彻查犯罪分子等方面做得不错。"

2. 地理位置优越，自然灾害稀少

太原市地处内陆，北靠系舟山、云中山，东据太行山，西依吕梁山，南接晋中

平原，属暖温带大陆性季风气候，冬寒夏热、春秋短促、昼夜温差大、降水少且集中。太原市台风灾害极少发生。

张先生说："太原市的自然安全状况还是很让人满意的，自然灾害很少发生。这是沿海或者南方城市所不能比拟的，当然这也是得天独厚的地理条件造成的。"

3. 政府重视，生态环境治理卓有成效

一是，以"治污、降尘、控车、控煤"为重点，推进大气污染综合防治攻坚行动；二是，以消除地表水劣Ⅴ类断面、城市黑臭水体为重点，坚持污染治理和生态修复两手发力，持续改善水环境质量；三是，完善机制体制，协调做好土壤污染防治工作，加强环境土壤监测，建立预警体系，预防土壤污染。

张先生说："太原市政府十分重视城市绿化工作，像迎泽公园处在迎泽大街中段，占地约67万平方米，园内树木丛生，湖水清澈。在市中心存在这么大一片绿化面积是难能可贵的。"

齐女士说："生态安全状况比较令人满意，尤其是城市绿化这方面做得非常好。太原市主要街道两边非常漂亮，比如滨河东西路两侧。可以看到政府在这方面确实投入了很大的人力、财力。"

（三）太原市城市公共安全分项评价低的原因

在本次访谈过程中，受访者除了对社会治安安全、自然安全、生态安全等方面评价高之外，对其他城市公共安全方面的评价还有待提高。例如食品安全、信息安全、社会保障安全等。食品安全方面，最近几年外卖食品行业的兴起，加剧了食品卫生领域的安全问题。信息安全方面，由于现代科技的发展，公众处于大数据时代，信息透明化程度较高，受访者普遍反映信息安全遭受严重威胁，骚扰电话、网络诈骗时有发生。社会保障安全方面，房价上涨过快，薪资水平较低，社会保障问题越来越成为公众关心的重点。

1. 外卖行业整治力度欠缺，食品安全让人担忧

食品安全方面，民以食为天，食品安全问题是个非常重要的问题。现如今外卖食品行业在各大城市迅速兴起，任何新生事物的产生一定有好的一方面，比如极大地方便了居民的生活，但也不可避免地带来一些弊端。由于该行业发展太快，相应规定没有及时完善，外卖食品卫生问题凸显。不管是由于监管不到位，还是相关的管理办法缺位，外卖食品的卫生问题已广泛引起公众的关注。多位受访者表示自己不止一次碰到过外卖食品不干净的情况。

代先生指出:“食品卫生安全是我不满意的一个方面,相关部门监管力度不够,造成很多投机的商家。政府的监管一定要在事前,不能等出了问题再去亡羊补牢。例如,外卖食品出现问题消费者进行投诉时,最多只是退饭钱,并没有别的处理办法,更有个别卖家无理狡辩,消费者进而向有关部门反映,往往也是石沉大海。”

曹女士表示:“食品安全问题不得不提,外卖食品行业近几年在我们这里飞速发展,越来越多的人投身外卖食品行业,好坏参半。现在太原市的小街巷尾到处可见外卖食品作坊,卫生情况堪忧,且见不到相关部门对他们进行检查。另外,食材安全也让人担忧。”

李先生说:“我很担心食品安全问题,因为它与个人生命健康息息相关,不能大意。大饭店的卫生情况一般还好,小饭店的卫生情况则不是很好。在这种情况下,政府应该加强监管,让商家自觉维护食品安全。”

2. 信息泄露严重,公众深受其害

信息安全方面,我们正处于一个科技飞速发展的时代,它在给公众带来便利的同时也带来了隐患,过于透明的信息环境里,公众的个人隐私很难得到保障①。受访者普遍反映信息安全遭受严重威胁,信息诈骗手段越来越高明,防不胜防。个人账号密码被盗、频繁接到骚扰电话、网络诈骗时有发生等,这些突出问题引起了公众普遍关注。部分受访者表示现在收到诈骗短信已经是很普遍的事情了。

安女士跟我们表达了她对信息安全的看法:“我对信息安全方面的满意度一般。这方面政府工作还需继续改进,现在电信诈骗很普遍,骗子在电话里能够把你的个人信息说得很详细,包括家庭住址、父母姓名、工作单位等,这是很可怕的事情。”

有受访者表示:“信息安全是我最不满意的方面。现在身边的朋友收到诈骗短信已经是很常见的事情了,足见信息泄露有多么严重。”

3. 房价上涨,社会保障跟不上社会发展节奏

社会保障安全方面,房价上涨速度过快,而工资水平却不见提高。受访的许多年轻人表示,以现在的经济收入很难买得起房子,有能力购买房子的大多数也是依靠父母资助。

---

① 江升琴. X公司高集成产品生产计划流程改进方案设计[D]. 兰州:兰州大学,2011.

昆女士说："近几年房价迅速攀升，房价水平与工资水平、社会保障水平不匹配。仅凭我现在的工资完全负担不起购房费用，有时还需要父母的接济，相信很多人存在着跟我一样的问题。"

三、提升太原市城市公共安全的有关建议

城市公共安全治理任重道远，政府肩负着重大的责任。政府作为城市公共安全治理的主体，不仅是城市公共安全治理的直接推动者，同时也是政策的制定者和实施者。当然，城市公共安全治理政策的创新要充分尊重人民群众的主体地位，发挥人民群众物质和精神财富创造者的优势，不断探索体现人民群众意志的治理路径。太原市受访者从自身实际和生活体验出发，表达了自己对于城市公共安全各分项满意和不满意的观点及原因，并积极为解决现存城市公共安全问题建言献策。

（一）加强公共安全宣传教育，增强居民参与意识

访谈过程中受访者多次提到，希望政府部门做好公共安全宣传工作，加强城市公共安全教育。在城市公共安全治理过程中，宣传先行、教育先行对于广大城市居民有着重要的启发作用，宣传教育为城市公共安全各种问题的解决做了先期准备工作。从受访者的反馈来看，虽然他们所在的社区、学校、单位组织过公共安全宣传教育活动，但实际效果不佳，且受访者普遍认为在宣传形式上可以寻求创新，增强宣传教育工作的有效性。

葛先生说："政府相关部门需要经常开展线下宣传知识讲座。年轻人了解安全知识可以通过各种渠道，但是老年人的信息获取途径相对单一，多是通过社区组织的活动，所以安全宣传深入社区很有必要。"

栗女士认为："公共安全教育意义重大，学校在其中扮演着重要角色。学校可以通过定期开展安全知识讲座、进行消防演习等形式，培养学生的安全意识。"

吕先生说："在城市公共安全宣传与教育方面，从国家层面来说，需要政府通过网络、电视等媒介经常性地宣传公共安全知识。从个人层面来说，个人是自身安全的第一责任人，应自觉主动学习一些公共安全知识与技能。"

（二）强化政府监管，以强制措施约束不法行为

政府监管部门应为相关行业发展创造良好的制度环境、政策环境和法律环

境,同时也应担负起必要的行政监管职能。受访者从强化政府监管角度表达了对于身边公共安全问题的看法,同时也表达了对于政府部门解决公共安全问题的建议。

在交通安全方面,张先生指出:“关于交通安全问题,能够看到政府正在采取措施尽力解决,例如针对非机动车的管理,现在各大路口都加装了监控摄像头、显示屏,如果闯红灯的话,会被曝光在路口的大屏幕上,让闯红灯的人产生羞愧之心,这个方法我觉得非常好。”

在信息安全方面,有受访者提出:“提高个人信息安全意识是一个办法,但作用有限。现在办很多事都不得不填写自己的个人信息,信息泄露就是在这中间不知不觉发生的,所以政府监管很重要,不能让泄露个人信息者逍遥法外。”

(三)加强法治建设,营造和谐稳定的社会环境

建立规范的政府管理决策监督机制将涉及行政管理制度、法律制度、社会舆论管理制度等多方面重大制度的改革与调整,政府应加强立法、严格执法,建立严格的食品、药品审查制度。现阶段,我国城市公共安全法律法规尚不够完善,体现为城市公共安全应急体系相关法律法规不健全,突发事件应急处理立法的可操作性不强,法律条文规定得过于笼统等。不少受访者能够意识到政府舆情引导和控制工作的重要性,当安全事故和公共危机爆发时,政府如果不能及时监控并积极引导社会舆论、回应公众诉求,往往会使事态和风险朝着不好的方向发展。若能及时有效地引导城市公共安全舆情,了解公众诉求,做好风险沟通,便能有效化解安全风险。

受访者呼吁加强法治建设的呼声非常强烈。受访者龙先生提出:“政府应注重法治建设,制定法律政策时,应与时俱进,注重可操作性。具体到执行时,应加大执法力度。”

(四)促进社会公平,完善社会保障制度

受访者提出了城乡医疗保险的差距问题,表达了对健全更加完善的保险制度的期望。政府应致力于整合城乡居民基本养老保险和基本医疗保险制度,完善社区养老制度,更好地保障老年人的基本生活,解决老年人养老方面的后顾之忧。此外,政府应重视贫富差距对于城市居民公共安全风险感知的影响。政府在解决城市公共安全问题时不能仅解决表面问题,更要剖析深层原因,努力通过再分配调节收入差距,制定更加公平的社会保障政策,不断改善城市公共

安全存在的突出问题，切实增进城市居民的安全感。

受访者徐先生提出："应进一步完善社会保障制度，促进社会公平。尤其要关注老年人的养老、医疗问题和年轻人的住房问题。"

（五）鼓励公众参与，加强队伍建设

现代网络技术发展产生了许多网络犯罪问题，特别是近年来频繁发生的网络信息泄露、信息诈骗等恶性事件，这些事件的发生严重威胁着和谐稳定的社会环境，也给政府治理提出了新的挑战。地方政府应创新治理方式，动员和发挥公众力量。在当前信息技术迅速发展的形势下，政府必须把队伍建设提到战略高度，在提高信息治理能力、转变管理方式、加强人才培养等方面下更大的功夫。

田女士认为："解决公共安全问题光靠政府力量还不够，应该发动公众，让公共安全问题变成与每个人有关的切身问题。遇到破坏公共安全的行为，鼓励公众积极举报，政府部门给予及时反馈，从而形成一个良性循环。"

贾先生认为："公众与政府积极配合，才能共同保障城市公共安全。政府主导，公众积极配合，能够形成强大的合力。"

天 津 篇

访谈时间： 2019年7月9日—7月13日

访谈地点： 河北区、和平区、河西区、南开区

访谈人员： 廉吉忠

一、调查背景

调查背景部分主要包括城市介绍、访谈概况和受访者基本信息。城市介绍部分主要介绍天津市的基本概况，让读者更好地了解天津市。访谈概况部分主要介绍访谈的时间、地点、目的等。受访者基本信息部分主要介绍受访者的性别、年龄、职业等。

（一）天津市介绍

天津市简称津，也称津沽、津门，是我国直辖市、国家中心城市、首批沿海开放城市，全国先进制造研发基地、北方国际航运核心区、金融创新运营示范区、改革开放先行区。天津市位于北纬38°34′～40°15′，东经116°43′～118°4′。天津市地处太平洋西岸，华北平原东北部，海河流域下游，东临渤海，北依燕山，西靠首都北京市。天津市土地总面积11 966.45平方千米。①

（二）访谈概况

城市安全是典型的公共安全，它以公众的健康、生命和财产免遭损害为目的，以法治化和社会化的防控方式，把各种威胁始终控制在某种最低限度，并尽可能保持公共生活的正常秩序。本次访谈共用时5天，从2019年7月9日到2019年7月13日，访谈地点选在了天津市的河北区、和平区、河西区以及南开

① 来源于天津市人民政府网站。

区。访谈采用深度访谈的形式，挖掘城市居民对于城市公共安全的感受，为城市公共安全领域的后续研究提供了第一手资料。

（三）受访者基本信息

在受访的20名天津市居民中：从性别上看，男性受访者9人，女性受访者11人。从年龄分布上看，20～30岁的6人，31～40岁的12人，40岁以上的2人。所选择的受访者主要是中年群体，这类群体是社会发展的主力军，深刻感受着天津市的发展变化，对城市公共安全有着独特的见解。从职业分布上看，有公司职员、学生以及个体人员，受访者的选择具有普遍性和代表性。

二、天津市城市公共安全评价

城市公共安全评价反映了城市居民对日常生产生活和所处的社会环境等密切相关的安全感受。受访者对天津市城市公共安全的感受可以测量天津市的整体城市公共安全状况，直观地反映和评价天津市城市公共安全面临的挑战以及存在的问题，为政府进行区域公共治理提供参考。

（一）天津市城市公共安全整体评价

城市公共安全评价是城市居民对一个城市公共安全状况的主观衡量。本次访谈通过受访者对自然安全、生态安全、公共场所设施安全、食品安全、公共卫生安全、交通安全、社会治安安全、社会保障安全、信息安全等9个方面的评价，得出受访者对天津市城市公共安全状况最满意和最不满意的若干方面，发现天津市城市公共安全存在的问题与面临的挑战，为天津市政府的公共治理提供相关建议。

1. 令人满意的天津市城市公共安全状况

当谈及比较满意的城市公共安全状况时，令受访者满意的城市公共安全状况前3位分别是自然安全、社会治安安全和公共卫生安全。在20位受访者中，有15位受访者对天津市的自然安全感到满意，有14位受访者对天津市的社会治安安全感到满意，有12位受访者对天津市的公共卫生安全感到满意。受访者的满意状况反映出其对天津市政府在自然、公共卫生、社会治安等方面公共治理的认可。令人满意的天津市城市公共安全状况，见图1。

2. 令人不满意的天津市城市公共安全状况

在本次访谈过程中，受访者除了对自然安全、社会治安安全、公共卫生安全等方面比较满意外，对其他方面的城市公共安全满意度还有待提高。根据访谈

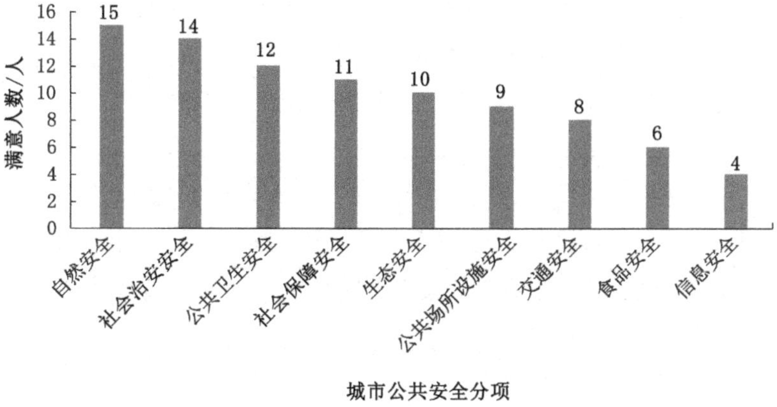

图 1　令人满意的天津市城市公共安全状况

结果，令受访者不满意的城市公共安全状况前 3 位分别是信息安全、食品安全和交通安全。在 20 位受访者中，有 15 位受访者对天津市的信息安全感到不满意，有 13 位受访者对天津市的食品安全感到不满意，有 12 位受访者对天津市的交通安全感到不满意。受访者对天津市的信息安全、食品安全、交通安全等方面的不满意，反映出天津市政府在上述领域的公共治理还需要进一步加强。令人不满意的天津市城市公共安全状况，见图 2。

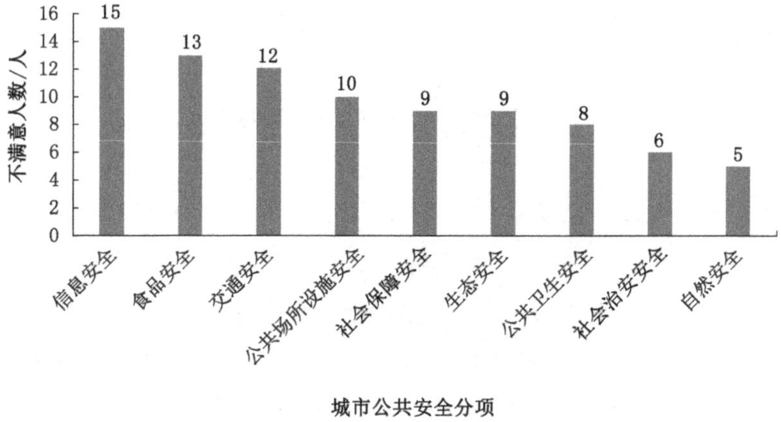

图 2　令人不满意的天津市城市公共安全状况

（二）天津市城市公共安全分项评价高的原因

通过整理访谈信息可知，受访者对天津市城市公共安全评价较高的 3 项分别为自然安全、社会治安安全以及公共卫生安全。自然安全方面，天津市地理位置优越，很少发生地震、台风等自然灾害，自然条件比较优越。社会治安安全方面，天津市社会治安状况较好，很少发生群体性事件。公共卫生安全方面，天津市公共卫生服务体系健全，政府重视公共卫生安全知识的宣传。

1. 自然条件优越，城市基础设施完善

天津市属暖温带半湿润大陆性季风气候，夏季受海洋之惠，冬季受内陆补偿，四季分明，景色多姿，自然灾害很少发生。天津市市区内，市政排水设施完善，很少出现城市内涝。日常生活中关于防灾减灾知识的宣传较多。

张先生说："天津市的排水设施较为完善，下雨时，市内基本不会出现积水的现象。"

徐女士说："日常生活中，我们能经常接触到关于防震抗震以及防台风方面的知识。"

卢女士说："我在天津市生活期间没有遇到过地震、台风等自然灾害。"

2. 治安管理制度健全，治安事件发生率较低

天津市深入推进社会治安综合治理，健全落实领导责任制，按照分工协作、责任明确、权责一致的要求，抓各个条块部门的责任落实，实现治安防控体系建设由"简单配合"向"互联互动"转变。在访谈的过程中，受访者表示天津市的社会治安较好，人们出行比较安全。

卢女士说："天津市的社会治安状况，总体来说让人满意。我身边没有发生过刑事案件。"

王女士说："我对于天津市的社会治安还是挺满意的，还没有遇到过治安事件。"

宋女士说："我觉得天津市的出警效率比较高，对天津市的社会治安比较满意。"

3. 公共服务卫生体系健全，医疗卫生知识宣传到位

天津市现有公共卫生服务体系比较健全，居民医疗卫生条件不断得以改善。天津市没有发生过大型的公共卫生事件，平时居民能经常接触到关于医疗卫生方面的知识宣传。

王女士说："我居住的社区里能经常接触到关于公共卫生安全方面的知识宣传。我对天津市的公共卫生安全比较满意。"

李先生说："我身边还没有发生过问题疫苗事件，也没有发生过大的其他公共卫生事件。"

谢女士说："天津市的医生很少会盲目使用抗生素药物，最主要还是依据病情使用药物。"

（三）天津市城市公共安全分项评价低的原因

在本次访谈过程中，受访者对天津市城市公共安全不满意的前3位分别为信息安全、食品安全和交通安全。信息安全方面，受访者表示在日常生活中经常会收到各种骚扰电话，在一些网络平台注册的个人信息经常会被泄露，且找不到相关的维权部门。食品安全方面，受访者表示很难买到放心的蔬菜，总是会担心蔬菜中的农药残留超标。交通安全方面，受访者表示天津市的早晚高峰期道路堵塞严重，影响了居民的日常出行。

1. 信息泄露严重，诈骗管理力度不强

大数据时代下，个人信息不断被使用，信息安全面临着威胁。日常生活中，无论是在网上学习还是在网上购物，个人信息都有可能被盗取。受访者表示自己经常会收到一些骚扰电话和骚扰信息，身边还有朋友被诈骗团伙骗取了大量财物。

谢女士说："天津市的信息泄露还是比较严重的，我经常会接到骚扰电话、推销电话等，信息安全令人担忧。"

王女士说："天津市信息泄露事件处理过程比较复杂，很多事件最后的结果也不尽如人意，个人的信息安全得不到有效保护。"

2. 食品安全问题堪忧，食品外卖平台监管不到位

民以食为天，受访者纷纷表达了自己在食品安全方面的担忧，例如地沟油问题、农药残留超标问题以及食品添加剂超标问题。另外，一些经常订外卖食品的受访者还表示外卖食品的卫生情况无法保证，缺乏对外卖食品商家的监管。

林先生表示："我比较担心食品加工过程中的卫生安全。"

张先生说："地沟油、蔬菜的农药残留超标等问题，我认为管理尚不到位，还有提升的空间。"

卢女士说："天津市靠近渤海，会有很多海鲜，我在外就餐时常因吃到不新鲜的海鲜而导致生病。我对天津市的食品安全不太满意。"

3. 非机动车管理缺位，交通规划不合理

天津市的交通拥堵问题比较严重，尤其是早晚高峰时期。受访者普遍反映

无论是私家车出行还是公共交通出行,都会受到影响。天津市对于非机动车,尤其是共享单车的管理不到位。路边随意乱停乱放的共享单车,不仅造成了公共资源的浪费,而且影响了市容市貌。

李先生说:"天津市交通状况一般,存在拥堵现象。共享单车乱停乱放,且维修不及时,造成了公共资源的浪费。"

谢女士说:"天津市交通状况有待进一步改善,早高峰、晚高峰堵车严重,车辆超速现象也比较多。"

王女士说:"道路交通管理有待加强,电瓶车闯红灯现象屡禁不止,一些共享单车停放比较随意,需要进行合理规划。另外,上下班高峰期,交通拥挤的现象比较严重。"

三、提升天津市城市公共安全的有关建议

为了满足天津市居民对城市公共安全的需求和期望,保障城市高效运行和持续健康发展,天津市政府可从以下几个方面提升天津市城市公共安全。

(一)改善道路交通通行条件,加大交通现场巡视力度

针对老城区和居民聚集区等地方道路安全等级偏低的问题,交通管理部门要因地制宜,合理规划。一方面,对重点区域进行综合治理,结合实际情况,加强防范,预防交通事故的发生。另一方面,根据实际情况的需要,配备足够的现场巡视管理人员,对现有道路路段进行巡视、管理和检查,定期撰写道路巡查、事故处理等方面的工作日志,不断收集工作过程中遇到的问题,从而建立严密的交通事故突发应急处理机制。

钱女士表示:" 政府要对城市里个别不好的道路进行维修。这些道路主要集中在一些老城区和居民聚集区,应重点对这些区域改善路况,提升道路通行条件。另外,政府工作人员要经常深入一线,对道路进行巡视、巡查 。"

(二)完善食品安全保护机制,打好食品安全保卫战

积极推进集约化、规模化的食品经营模式,鼓励支持食品生产经营企业升级。强化对食品安全检测结果的公开,定期对生产食品的厂家进行常规质检和不定时抽检,并将抽检结果通过公开的渠道向公众公布。提高外卖食品的准入门槛,加大对外卖商家的监管和问责,严厉惩处不良商家,坚决打击不法行为。

有受访者提出:"食品外卖平台要注意检查入驻商家的卫生情况,政府要加

大监管力度进行定期抽查。”

宋女士说:“食品外卖平台要提高外卖食品商家的准入门槛,严防没有实体店铺的外卖食品商家入驻。”

苏女士说:“政府要加大对食品的抽检力度,严厉打击违法行为。食品外卖平台要提高外卖食品商家的准入门槛。”

(三)完善信息保护机制,加大对违法行为的处罚力度

一是,厘清个人信息的隐私性和公开性,凡是涉及个人隐私的信息要充分给予保护,防止不良商家从中牟利。二是,建立以政府为主导,企业为支撑的信息保护机制,保护公众的合法权益。三是,提高网络警察的数量,加强对网络信息的侦查和筛选,加大对违法乱纪行为的惩处力度。

王女士说:“从政府角度来说,要加强对信息安全的监管力度,适当增加网络警察的数量;针对泄露个人信息的企业,该处理的要处理,而且要从重处罚;另外,还要完善相关的法律政策,依法保护公众个人信息安全。”

西 安 篇

访谈时间： 2019 年 7 月 15 日—7 月 19 日

访谈地点： 莲湖区、碑林区、未央区、新城区

访谈人员： 王梓静

一、调查背景

调查背景部分主要包括城市介绍、访谈概况和受访者基本信息。城市介绍部分对城市概况进行描述，便于读者对该城市有一个直观印象；访谈概况部分介绍了本次访谈的时间、地点、目标等；受访者基本信息部分梳理了受访者的个人信息，包括性别、年龄、职业等。

（一）西安市介绍

西安市古称长安，是中国西北部最大的中心城市，位于中国内陆黄河流域中部的关中平原，是中华民族和古老东方文明的发源地之一。西安市位于东经 107°40′～109°49′，北纬 33°42′～34°45′。西安市属暖温带半湿润大陆性季风气候，冷暖干湿，四季分明，冬季寒冷、风小、少雨雪；春季温暖、干燥、多风、气候多变；夏季炎热多雨，伏旱突出，多雷雨大风；秋季凉爽，气温速降，秋淋明显。西安市总面积 10 108 平方千米，下辖 11 个区、2 个县、7 个国家及省级重点开发区。①

（二）访谈概况

习近平总书记指出："公共安全建设对于构建和谐社会，推动全面小康建设，乃至于中华民族的伟大复兴都具有非常现实和深远的意义。"城市公共安全

① 来源于西安市人民政府网站。

是城市经济发展与社会进步的前提条件,是全社会共同关注的热点问题。近年来,我国城市公共安全事件频发、影响逐步扩大,城市公共安全管理面临前所未有的严峻挑战。本次访谈共用时 5 天,从 2019 年 7 月 15 日到 2019 年 7 月 19 日,访谈地点选在了西安市的莲湖区、碑林区、未央区以及新城区。访谈采用深度访谈的形式,挖掘城市居民对于城市公共安全的感受,为城市公共安全领域的后续研究提供了第一手资料。

(三)受访者基本信息

在受访群体的选择上,尽量考虑到不同性别、不同年龄和不同职业的西安市居民,且选取在西安市居住 1 年以上的受访对象,使其观点更具有可信性。总体来看,受访样本兼顾了年龄、性别、职业等的分布合理性。

在受访的 20 名西安市居民中:从性别上看,男性受访者 15 人,女性受访者 5 人;从年龄分布上,20 岁以下的 1 人,21~40 岁的 8 人,41~60 岁的 10 人,60 岁以上的 1 人。此次受访人群较为集中在青年和中年群体,他们是社会发展的主力军,深刻感受着西安市的变化,体验更为丰富。从职业分布上看,有学生、保安、退休职工、个体经营者以及企事业单位工作人员等,职业范围比较广泛,一定程度上兼顾了不同职业背景人群对于城市公共安全问题的感受。

二、西安市城市公共安全评价

城市公共安全评价反映的是城市居民对整个城市环境的安全感知情况,关系到政府角色、公共政策、行政管理行为、人民生活、社会稳定等多个层面。本次访谈从更加全面的角度编制了城市居民公共安全状况访谈提纲,通过了解西安市居民对西安市城市公共安全的评价,呈现出西安市的城市公共安全现状、面临的挑战以及存在的问题,为西安市政府的城市公共治理提供一些建设性的建议。

(一)西安市城市公共安全整体评价

城市公共安全评价是城市居民对一个城市公共安全状况的主观衡量。本次访谈通过受访者对自然安全、生态安全、公共场所设施安全、食品安全、公共卫生安全、交通安全、社会治安安全、社会保障安全、信息安全等 9 个方面的评价,得出受访者对西安市城市公共安全状况最满意和最不满意的若干方面,从而发现西安市城市公共安全存在的显性和隐性问题,以期为西安市政府的公共治理提供相关建议。

1. 令人满意的西安市城市公共安全状况

当谈及比较满意的城市公共安全状况时，令受访者满意的城市公共安全状况前3位分别是自然安全、社会治安安全和公共卫生安全。在20位受访者中，所有受访者都对西安市的自然安全感到满意，有19位受访者对西安市的社会治安安全感到满意，有16位受访者对西安市的公共卫生安全感到满意。受访者的满意状况反映出其对西安市政府在自然、社会治安以及公共卫生等方面公共治理的认可。令人满意的西安市城市公共安全状况，见图1。

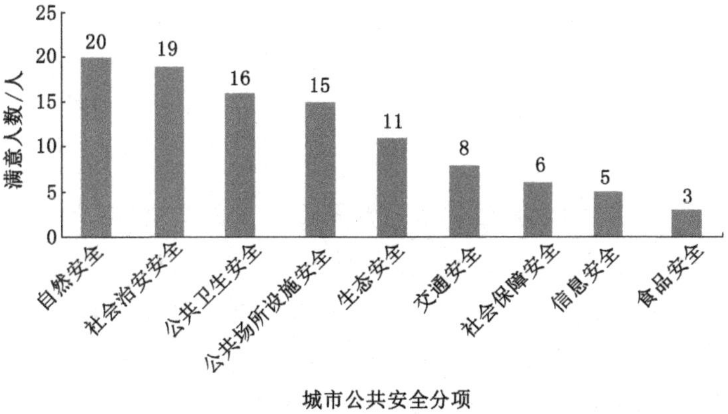

图1　令人满意的西安市城市公共安全状况

2. 令人不满意的西安市城市公共安全状况

在本次访谈过程中，受访者除了对自然安全、社会治安安全、公共卫生安全等方面比较满意外，对其他方面的城市公共安全满意度还有待提高。根据访谈结果，令受访者不满意的城市公共安全状况前3位分别是食品安全、信息安全和社会保障安全。在20位受访者中，有17位受访者对西安市的食品安全感到不满意，有15位受访者对西安市的信息安全感到不满意，有14位受访者对西安市的社会保障安全感到不满意。受访者的不满意状况反映出西安市政府在食品、信息、社会保障等方面的公共治理还有待加强。令人不满意的西安市城市公共安全状况，见图2。

（二）西安市城市公共安全分项评价高的原因

当问及受访者对西安市城市公共安全方面满意的原因时，大多数受访者认为这与西安市的经济发展水平和地理环境相关。自然安全方面，西安市地处关中平原中部，渭河之南，秦岭之北，自然灾害少有发生；政府积极采取了各种自

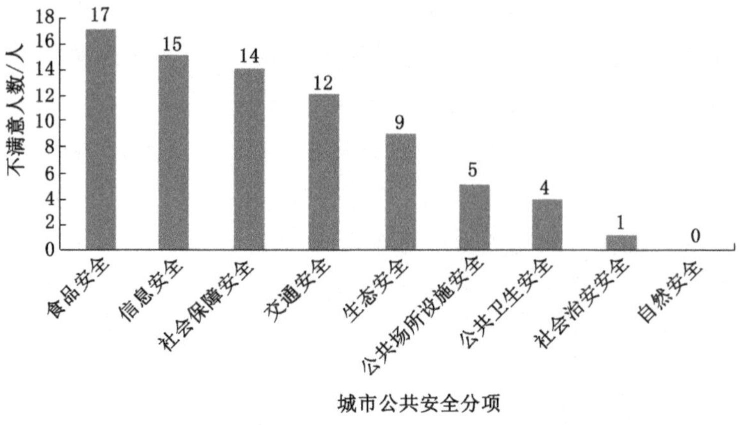

图2 令人不满意的西安市城市公共安全状况

然灾害防范治理措施，加之自然灾害监测预警水平的提高，有效减轻或避免了自然灾害发生带来的严重后果。社会治安安全方面，西安市政府在车站、商圈等人流量密集的地方增加了巡逻力量，并增加了夜间巡逻次数，有效确保了西安市治安安全。公共卫生安全方面，西安市疾病预防控制中心定期对全市公共卫生状况进行调查和检测。此外，政府也积极采取了各种公共卫生安全治理措施，有效减少了传染性疾病等不良事件的发生。

1. 地理位置优越，自然灾害稀少

西安市地处黄河流域中部的关中平原，位于渭河之南，秦岭之北，自然环境十分优越。西安市属于暖温带半湿润大陆性季风气候，雨量适中，冬冷夏热，四季分明。因其优越的地理位置和气候条件，西安市台风天气很少降临。同时，西安市政府积极采取了各种自然灾害防范治理措施，现代科技的发展也为自然灾害提供了许多预测手段，有效地减轻或避免了自然灾害造成的严重后果。受访者普遍表示对西安市的自然灾害不会过分担忧。

一位受访者谈及西安市自然安全时说："西安市地处平原，很少发生地震；属于内陆城市，受台风的影响也不大；偶有暴雨，但也很少会出现积水。政府一般会提前检修道路、疏通下水道等。我对西安市的自然安全方面非常满意。"

2. 警力投入促进治安改善，城市居民安全感倍增

西安市是一个旅游型城市，流动人口较多，客流量较大，早期社会治安混乱，但近年来，西安市的社会治安得到了很大改善，特别是小偷较多的问题得以有效解决。不少受访者反映自己以前经常丢失电动车、手机，但如今社区的民

警会开巡逻车定时定点巡逻，小偷越来越少，整体社会治安状况都在好转。居住环境也越来越安全，居民进小区需要刷门禁卡，陌生人进小区必须登记，安保措施比较完善。受访者对西安市的社会治安安全普遍持乐观的态度。

有受访者表示："我觉得西安市整体的社会治安挺好的。像我们学校的宿舍管理就比较严格，学生进出都要刷门禁卡，外人进来必须办理相应的手续，校门口的保安室是24小时轮流值班的。现在小区也都有门禁，尤其是新建的小区，安保措施做得都非常不错。另外，在西安市的一些广场、公园等人流比较大的地方都会有巡逻车，专门负责安全管理。西安市每年旅游旺季都会聚集很多游客，但很少听说发生过偷盗或者群体性事件。"

3. 居民卫生意识提高，政府管控力度大

近年来，西安市政府对公共场所的卫生安全问题越来越重视，并采取了诸多整改措施，比如：疾病预防控制中心定期做好预防接种和疾病防治工作；加强公共卫生服务经费专项资金管理和财务监管；建立公共卫生预警机制和提高基层卫生服务能力。

沙女士说："公共卫生方面，以前很担心给孩子接种到有问题的疫苗，所以一般都去正规的大医院接种。现在政府对疫苗的监管比较严格，这方面的担心就很少了。环境卫生方面，西安市在景区、公园以及其他的一些公共场所，环境卫生都搞得不错。"

（三）西安市城市公共安全分项评价低的原因

在本次访谈过程中，受访者除了对自然安全、社会治安安全、公共卫生安全等方面比较满意外，对其他方面的城市公共安全满意度还有待提高。有受访者直接表达了自己对于某一方面城市公共安全的不满态度，食品安全、信息安全、社会保障安全等方面的问题比较突出。食品安全方面，大多数受访者对食品卫生表示担忧，尤其是对外卖食品的担忧程度比较高。另外，地沟油、各种食品添加剂超标等问题的出现也进一步增加了公众对食品的不安全感。信息安全方面，大数据时代下，个人信息透明化程度高，受访者普遍反映信息安全遭受严重威胁，例如个人账号密码被盗、个人信息泄露严重、骚扰电话不断、网络诈骗时有发生等。社会保障安全方面，受访者表示政府对于个体户、临时工以及实习生的保障问题处理不到位，平均工资过低、医药品收费过高等问题还有待解决。

1. 食品添加剂泛滥，监控渠道不透明

食品安全方面，当问及是否会担心买的食材农药残留超标或者添加剂超标等问题时，大多数受访者的答案是肯定的，这反映了受访者在食品方面的极度不安全感。由"吃不起"转变为"不敢吃"是一些受访者对当今食品安全给出的无奈评价。尽管食品监管和卫生等部门采取了一系列措施，加大对食材来源渠道和生产流程的监控，但"不敢吃"的问题依然存在。受访者表示，平时一般会选择去超市购买食材，宁愿贵一点也不敢去小摊贩或者小型菜市场上购买；外出就餐尽量不去小餐馆、小吃街等地方。对于农药残留超标问题，不少受访者表示自己家中虽然装有果蔬清洗机，但依然会担心清洗不掉果蔬上面的农药。对于外卖食品问题，受访者表示，外卖食品的安全、品质、监管让人担忧，希望政府可以加大对食品卫生安全的监管力度。

个体经营者雷女士说："食品安全问题我特别担心，平时自己家孩子经常在外面买着吃，尤其是在学校门口的小吃一条街上买食物。孩子的同学就有因为吃小吃街上的食物而生病的，这个问题很普遍。所以，希望政府能加强对饮食小摊贩的监管，督促他们搞好食品卫生。"

2. 推销电话不断，网络监管存在空白

信息安全方面，由于现代科技的发展，大数据时代信息透明化程度较高。受访者普遍反映信息安全遭受威胁，在生活中经常收到推销电话、诈骗短信等，个人信息被泄露。网络在给公众带来便利的同时也带来了一定的隐患，在某种程度上使公众生活在了一个相对透明的环境里，个人信息安全未得到应有的保障。

马先生说："我之前有段时间换工作需要在外面租房子，就在手机上下载了有关找房的 App，很多时候，我上午刚去看了房子，等到下午的时候，手机就会接到不下 10 个电话，都是问我要不要租房子，我很好奇这个信息他们是怎么知道的。不仅是我，我身边的同事也遇到过类似的事情。所以信息泄露问题确实很严重。"

3. 社会保障不健全，工资上涨缓慢

社会保障安全方面，和一些有正式工作单位的人员相比，个体经营者、实习生以及一些困难家庭者的社会保障问题并未得到完全落实。另外，西安市的平均工资水平相对不高，刚毕业的大学生收入相对较低，好多单位得入职满一年或者半年以后才给缴纳五险一金，而且，极个别单位还不给缴纳住房公积金。

郑女士说："我最不满意的就是社会保障方面。实习生的社会保障问题很少有人关注。另外，西安市很多单位都是必须入职半年以后才给缴纳五险一金，有很多单位并没有住房公积金的保障。西安市的整体工资水平跟全国相比，是比较低的。”

三、提升西安市城市公共安全的有关建议

城市公共安全治理任重道远，政府肩负着主要责任。政府作为城市公共安全治理的主体，不仅是城市公共安全治理的直接推动者，同时也是政策的制定者和实施者。当然，城市公共安全治理政策的创新要充分尊重人民群众的主体地位，发挥人民群众物质和精神财富创造者的优势，不断探索反映人民意志的治理路径。西安市受访者从自身实际和生活体验出发，表达了自己对于西安市城市公共安全各分项满意和不满意的观点及原因，并积极为解决现存城市公共安全问题建言献策。

（一）多途径提高政府和公民对公共安全管理的意识

一是广泛宣传。社会公众防范意识的提高有利于保障社会公共安全，减轻灾难发生带来的后果。因此，加强对突发公共安全事件防范知识的宣传工作对于提升城市公共安全管理水平意义重大。二是加强教育。在访谈过程中，受访者表示目前的公共安全教育与培训仍不够正规，有待提高。政府对公共安全教育培训的重视程度不够，公共安全教育多以应急教育为主，缺乏系统性。受访者普遍反映应该在宣传培训的内容和方式上寻求创新。

企业单位工作者雷女士认为："安全教育工作意义重大，应当从孩子抓起。学校教育要重视学生安全意识的培育，可以通过定期开展安全知识讲座、消防演习等形式，让学生从小树立安全意识。"

食品安全关乎每个人的幸福，做好食品安全宣传工作意义重大，有受访者提出："政府可以综合利用多种方式宣传安全知识。例如，在小区里张贴安全宣传标语；利用大众传媒传播安全知识，借助交通工具流动放映安全宣传视频等。"

关于生态安全方面的宣传，企业职工段女士认为："政府应该通过宣传，让公众具有保护生态环境的意识，大力倡导公共交通工具出行，保护我们共同的生存环境。"

企业员工张先生提出："垃圾分类问题的解决需要政府来主导，积极倡导公众从思想上树立垃圾分类意识。同时，政府要出台一些奖励性政策鼓励大家。公共安全问题关乎千家万户，采取行动前一定要意识和教育先行。"

(二)加强公共安全管理的法律体系建设

法律是进行一切社会经济活动的根本保证,应该把公共安全管理纳入法治轨道。政府相关部门在进行公共安全管理时应以法律法规为准绳,从而保证公共安全管理的有效性。具体来说,完善的公共安全法律体系包括以下内涵:一是覆盖面广、内容层次深,即不仅要包括宏观总体的立法,还要涵盖具体管理过程中的微观细则和实施标准。二是要注重体系的协调统一,在构建这一体系时,要考虑到国家已实施的突发事件应急管理办法,保证各法律法规的条文之间的协调性。

有受访者提出:“政府部门要切实履行职责,积极制定城市公共安全治理政策,做好监督管理工作,加大违法犯罪惩处力度,例如对交通领域的违法犯罪行为、食品安全领域的违法犯罪行为等应加大处罚。”

有受访者建议:“政府部门要依法办事,执法队伍要提高综合素质和业务水平,做到主动出击,不能被动地去当‘消防员’,要做到事前监测预警,捍卫公众的安全权益。”

有受访者认为:“政府要加强公共安全方面的立法,并且执法力度要加强,这样才能减少一些损害公共安全的隐患。”

(三)构建多元公共安全管理治理新模式

一是要高度重视社会治安防控体系建设,建立全方位、立体化的社会治安防控体系,并不断加大技术安全防范投入力度,提升技术安全防范科技水平。二是要激发居民对公共安全管理的责任心,有效发挥社区居民自治组织的作用。通过开展以“公共安全教育”为主题的社区活动,提高社区居民的公共安全意识,鼓励全民参与,共同排查社区安全危险源并合力化解风险,以达到防灾减灾的目的。三是要高度重视公共安全管理建设,转变管理理念,融合全社会力量,完善公共安全管理法律法规,发挥党执政为民的执政理念,力争创建和谐稳定的公共安全环境。

有受访者建议:“政府在公共安全方面应采取多元治理模式,充分发挥公众、社会组织的作用,整合社会资源,协同参与公共安全治理。”

有受访者认为:“在生态安全方面,公众可以发挥的作用很大。公众树立环保意识、增强主人公责任感,有利于生态环境的建设。”

(四)促进社会公平,完善社会保障制度

受访者提出了城乡医疗保险的差距,表达了对建立更加完善的农村医疗保

险制度的期望。政府应致力于整合城乡居民基本养老保险和基本医疗保险制度，更好地保障退休人员的基本生活，完善社区养老。另外，政府要重视贫富差距对城市居民公共安全感的影响。政府在解决城市公共安全问题时，不能仅解决表面问题，应剖析深层原因，努力通过再分配调节收入差距，制定更加公平的社会保障政策，力求不断解决城市公共安全突出问题，切实增强居民的安全感。

企业职工黄先生提到了住房问题，认为："现在房价太高，存在普通居民买不起房的现象，政府应当加强保障性住房建设和管理，满足居民生活基本需求。"

一位退休职工表示："政府应该更好地保障退休人员的基本生活，解决该部分人群的中年子女的后顾之忧，完善社区养老。"

银川篇

INTERVIEW REPORT

访谈时间：2019 年 7 月 8 日—7 月 13 日

访谈地点：兴庆区、金凤区、西夏区

访谈人员：刘洋

一、调查背景

调查背景包含对目标城市银川市的城市介绍、访谈概况和受访者基本信息。城市介绍部分对城市概况进行描述，方便读者对该城市有一个直观印象；访谈概况部分对本次访谈做了介绍，包括实施访谈的背景、时间、地点、目标等；受访者基本信息部分对本次访谈的所有受访者身份信息进行了梳理，包括受访者性别、年龄、职业等，使得受访者情况一目了然。

（一）银川市介绍

银川市，简称“银”，是宁夏回族自治区首府、国家历史文化名城，位于我国西北地区宁夏平原中部，具有西北雄奇与江南灵秀兼备、传统文化与现代文明融合的城市特质。银川市地理坐标为北纬 38°17′～38°39′，东经 105°50′～106°41′，地形分为山地和平原两大部分，西部、南部较高，北部、东部较低，略呈西南—东北方向倾斜。银川市气候“不冷不热”，年平均气温 8℃左右，夏无酷暑、冬无严寒，年均空气优良天数居西部省会（首府）城市前列。银川市辖 3 区 2 县 1 市，行政区划面积 9 025.38 平方千米。①

（二）访谈概况

近年来，我国城市公共安全事件频发，城市公共安全管理面临前所未有的

① 来源于银川市人民政府网站。

严峻挑战。中国矿业大学基于"中国城市公共安全管理智库"这一平台，对我国部分城市公共安全状况进行了访谈。此次在银川市的访谈，时间为2019年7月8日至2019年7月13日，地点为兴庆区、金凤区、西夏区。访谈采用深度访谈的形式，挖掘城市居民对于城市各类公共安全的真实感受，为城市公共安全领域的后续研究提供第一手资料。

（三）受访者基本信息

在受访群体的选择上，尽量考虑到不同性别、不同年龄和不同职业的银川市居民，且选取在银川市居住两年以上的访谈对象，这使其观点更具有可信性。总体来看，受访样本兼顾了年龄、性别、职业等的分布合理性。

在受访的20名居民中，从性别上看，男性受访者8人，女性受访者12人。从年龄分布上看，20～30岁的受访者13人，31～40岁的受访者5人，40岁以上的受访者2人。受访者较为集中在中青年群体，中青年群体正享受着我国经济飞速发展所带来的各种便利，他们对城市公共安全的感受与体验十分丰富。从职业分布上看，有学生、个体经营者以及企业工作人员等，职业范围比较广泛，最大程度上兼顾了不同职业背景的人群对于城市公共安全问题的感受。

二、银川市城市公共安全评价

城市公共安全以公众的健康、生命和财产免遭损害为目的，以法治化和社会化的防控方式，把各种威胁始终控制在最低限度，并尽可能保持公共生活的正常秩序。当前，银川市城市人口和规模急剧扩张，城市运行和管理更趋开放，城市公共安全管理面临着严峻的挑战。

（一）银川市城市公共安全整体评价

城市公共安全评价是城市居民对一个城市公共安全状况的主观衡量。本次访谈通过受访者对自然安全、生态安全、公共场所设施安全、食品安全、公共卫生安全、交通安全、社会治安安全、社会保障安全、信息安全等9个方面的评价，得出受访者对银川市城市公共安全状况最满意和最不满意的若干方面，从而揭示银川市城市公共安全状况的显性和隐性问题，为银川市政府的公共治理提供相关建议。

1. 令人满意的银川市城市公共安全状况

当谈及比较满意的城市公共安全状况时，令受访者满意的城市公共安全状况前3位分别是社会治安安全、自然安全和公共卫生安全。在20位受访者中，有12位受访者对银川市的社会治安安全感到满意，有11位受访者对银川市的自然安全感到满意，有7位受访者对银川市的公共卫生安全感到满意。受访者的满意度反映出受访者对银川市政府在社会治安、自然、公共卫生等方面公共治理的认可。令人满意的银川市城市公共安全状况，见图1。

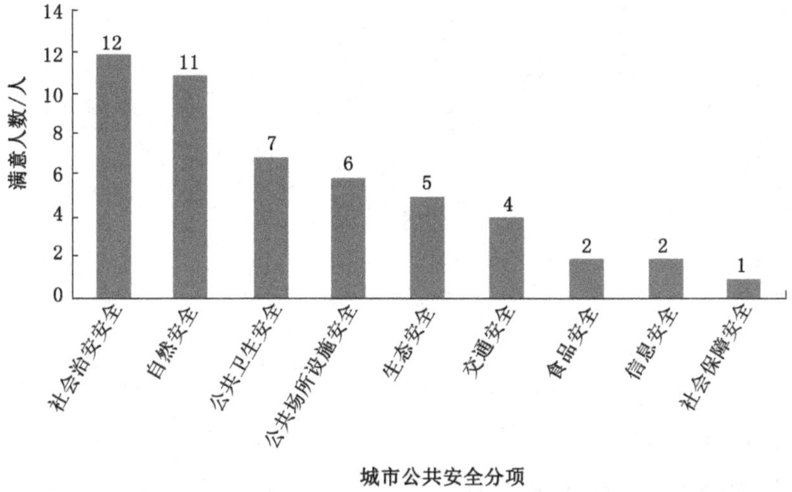

图1 令人满意的银川市城市公共安全状况

2. 令人不满意的银川市城市公共安全状况

在本次访谈过程中，受访者除了对社会治安安全、自然安全、公共卫生安全等方面比较满意外，对其他方面的城市公共安全满意度还有待提高。根据访谈结果，令受访者不满意的城市公共安全状况前3位分别是交通安全、食品安全和生态安全。在20位受访者中，有10位受访者对银川市的交通安全感到不满意，有9位受访者对银川市的食品安全感到不满意，有6位受访者对银川市的生态安全感到不满意。受访者的不满意度反映出银川市政府在交通、食品、生态等方面的公共治理还有待加强。令人不满意的银川市城市公共安全状况，见图2。

（二）银川市城市公共安全分项评价高的原因

社会治安安全方面，银川市在车站、商圈等人流量密集的地方均增加了警察巡逻力量，此外还加强了夜间警察巡逻的次数。受访者表示对银川市的社会治安安全很满意。自然安全方面，银川市地处中国西北地区，宁夏平原中部，西依贺兰山、东过黄河，自然灾害少有发生。同时政府积极采取各种自然灾害防

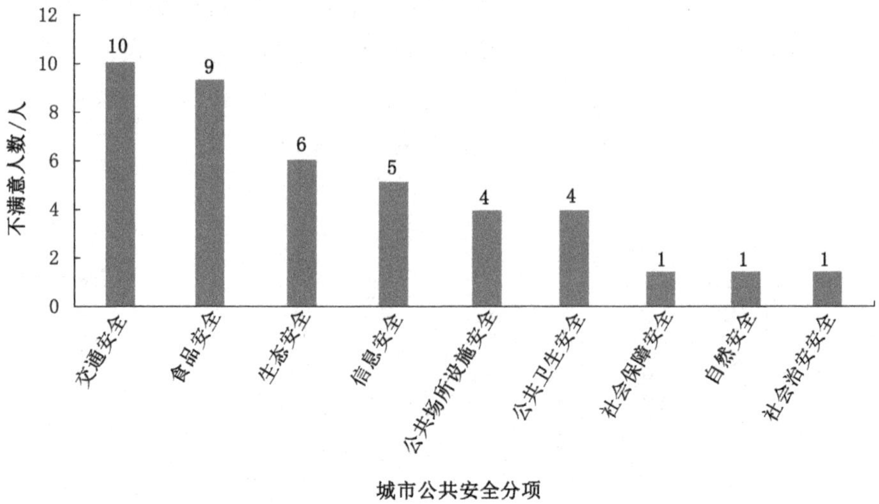

图 2　令人不满意的银川市城市公共安全状况

范治理措施,有效地减轻或避免了自然灾害带来的严重后果。公共卫生安全方面,银川市未发生过问题疫苗事件等公共卫生安全方面的问题,医院设施相对齐全完备,老百姓信得过当地医院,也愿意在当地就医。

1. 警力配备充足,居民治安安全感倍增

近年来,银川市的社会治安状况得到了很大改善。一方面,银川市政府加大治安整治,在一些人流量比较大的场所增加警力投入,24 小时不间断巡逻。另一方面,银川市居民的居住环境也越来越安全,进入小区需要刷门禁卡,陌生人进小区必须登记,安保措施比较完善。受访者对银川市的社会治安普遍持乐观的态度。

董先生表示:"银川市的社会治安我觉得特别好。之前碰到过小偷,但是现在很少会遇到。对于警察巡逻,我特别满意,例如中小学学生每天放学之后都有警察在校门口巡逻。"

2. 地理位置优越,自然灾害稀少

银川市地处中国西北地区,宁夏平原中部,西依贺兰山、东过黄河,自然环境相对优越。银川市属于温带大陆性气候,夏无酷暑、冬无严寒。银川市西北部坐落着中国第四大沙漠——腾格里沙漠,为了防治沙尘,政府积极采取了各种沙尘防范治理措施,例如种植沙棘等植物、搭建防风林带等固沙防风设施。受访者普遍表示不会过分担忧银川市的自然安全问题。

董先生表示："银川市地震很少发生，2008年汶川地震，银川市部分地区有震感。银川市城市内涝不严重，夏天降雨稍多，其他季节雨水不多，但春季一般会有沙尘暴，但对生产生活影响不大。另外，银川市政府关于自然安全方面的宣传教育比较到位，总体上来说，银川市的自然安全比较好。"

3. 公共卫生设施完善，居民防疾病意识日渐提高

银川市医院医疗设施齐全，卫生状况良好。当地政府十分注重宣传公共卫生，居民防疾病意识较强，比较注重个人卫生。

王先生说："我平常去的一些医院，卫生状况都挺好、挺干净的。另外，居民的生活水平和生活质量都在不断提高，居民也都十分注重个人卫生。"

（三）银川市城市公共安全分项评价低的原因

交通安全方面，银川市交通堵塞、非机动车违章驾驶现象较为严重，缺乏完善的交通系统。食品安全方面，受访者表示一般不会选择在外就餐，并认为外卖食品存在安全隐患。生态安全方面，银川市存在多个污染企业，雾霾时有发生。

1. 公共交通系统不完善，非机动车违章亟待解决

交通安全方面，银川市交通堵塞较为严重，尤其是在上下班高峰期。部分受访者认为，一些路口的红绿灯设计不合理，红灯时间过长，绿灯时间过短。此外，非机动车违章驾驶现象屡禁不止，管理困难。受访者表示比较担心市内发生非机动车交通事故。

李先生说："平时上下班高峰期，道路比较拥挤，我认为这和私家车数量太多以及个别路段的规划不合理有很大关系。另外，银川市市区的非机动车较多，经常能看到这些车辆违反交通规则，仅仅依靠交警的力量进行管制，效果不是很明显。"

2. 食品监督缺乏力度，外卖食品透明度程度不高

食品安全方面，当问及是否会选择在外就餐、订购外卖食品时，多数受访者的答案是否定的，这反映了他们对食品安全的极度担忧。部分受访者表示，目前针对食品安全方面的监督力度还不够，个别政府人员在检查餐馆卫生时，存在走过场的现象。另外，现在外卖食品制作的透明度不高，卫生状况堪忧。

刘先生说："我比较担心食材的卫生状况，毕竟现在很多食材农药残留物都比较多。我很少在外面吃饭，在外就餐时，我一般会选择比较大一点的餐馆。

针对外卖食品的卫生安全问题,我认为除了依靠政府的监管之外,一些食品外卖平台在让外卖食品商家进驻之前,也应该有严格的入驻考核标准。”

3. 雾霾时有发生,空气质量亟待改善

生态安全方面,银川市空气污染较为严重,一年中雾霾天数较多。一方面,银川市部分重工业企业存在违规排放的现象;另一方面,随着居民生活质量的提高,城市汽车普及率越来越高,汽车尾气排放在某种程度上也加大了空气污染。受访者反映雾霾是银川市面临的一个非常严重的生态问题。

李女士说:“银川市的沙尘现在很少见了,而雾霾却越来越严重,我觉得这和工业生产、汽车尾气的排放有很大关系。”

三、提升银川市城市公共安全的有关建议

城市公共安全治理任重道远,政府承担着主要责任。政府作为城市公共安全治理的主体,不仅是城市公共安全治理的直接推动者,也是政策的制定者和实施者。银川市受访者根据他们的生活经历,表达了他们对城市公共安全各方面的看法,并积极提出了解决现有城市公共安全问题的建议。

(一)落实政府监管,对不法行为零容忍

在城市公共安全治理方面,政府部门扮演着重要角色。政府部门要切实履行监管职责,重点抓好食品、交通、生态等方面的安全,严厉打击违法行为。

有受访者提出:“发挥表率作用,政府监管部门责无旁贷,政府人员要坚决杜绝玩忽职守的行为,努力服务好人民。”

有受访者认为:“食品安全要从源头抓起,政府监管应该更加严格。严格的监管应是常态化的,应该提早加强防范,多一些事前防范,少一些事后处理。”

(二)加强公共安全宣传,培养居民参与意识

公共安全是国家安全的重要组成部分,是经济和社会发展的重要条件,是人民群众安居乐业、建设和谐社会的基本保证。当前我国公共安全事件时有发生,宣传先行、教育先行对于培养城市居民的公共安全意识有着重要作用。多位受访者表示,希望政府相关部门做好公共安全宣传工作,切实增强宣传教育工作的有效性。

关于生态安全方面的宣传,企业职工段女士认为:“政府应该通过宣传,让每个人都具有保护生态环境的意识,同时大力倡导公共交通工具出行,切实保

护我们共同的生存环境。”

（三）加强个人信息保护，创新治理方法

政府部门要深刻认识到目前我国个人信息安全和隐私保护面临的严峻形势，相关职能部门应该成为保护个人信息的一道重要的屏障。在日常工作中，要创新工作方式方法，严厉打击买卖公众个人信息的违法行为，织密个人信息保护的法网。

刘女士认为：“各地政府部门应全面落实个人信息保护工作要求，要充分利用技术手段，对网站信息进行全面排查，不留死角和盲区，并就个人信息保护形成相对一致的制度规范，以成熟的机制和明确的方式做好信息保护工作。”

（四）完善法律法规，营造良好社会环境

贯彻依法治国基本方略，推进依法行政，建设法治政府，是我们党治国理政从理念到方式的革命性变化，具有划时代的重要意义。现阶段我国公共安全应急体系法律法规尚不够完善，个别法律条文规定过于笼统。大部分受访者建议完善相关法律法规，注重政策条文的可操作性，这对于营造良好社会环境、化解公共安全风险具有十分重要的意义。

受访者表示：“现在社会发展速度很快，针对公共安全领域的法律法规也要与时俱进，不断更新完善。有法可依才能更好地保障公众的个人安全。”

后　　记

本书是中国城市公共安全管理智库和“江苏省公共安全创新研究中心”在城市公共安全感研究方面继《江苏省城市公共安全蓝皮书(2017)》《中国城市公共安全感调查报告(2018)》《中国城市公共安全感调查报告(2019)》《中国城市公共安全深访报告(2019)》《中国城市公共安全感调查报告(2020)》之后的第六部年度成果。本书的出版为我们的城市公共安全感研究填补了又一空白。如果说《中国城市公共安全感调查报告》皮书系列是对全国城市公共安全感进行“面”上的研究,那么本书从调研到成书的过程则是对全国城市公共安全感进行“点”上的研究,通过对城市中的个别居民进行深入的结构化访谈,了解个体对于城市公共安全不同的感受及诉求,聚焦于个体公共安全事例,进而展开至公共安全的方方面面,侧重于汇集民智民力,进而形成切实可行的城市公共安全治理对策。从另一个维度来说,本书更是一次开创性的试验。全国性城市公共安全感蓝皮书发布后,产生了广泛而良好的社会效应,也收到了来自社会各界不同的反馈。部分城市将蓝皮书发布的新闻及所在城市公共安全感排名发布在政府网站上,也有部分城市来函对我们的研究进行了深入交流和探讨。正是有了这种相互反馈,学术和社会才能不断调整各自的姿态,起到相互促进的效果。对于我们来说需要做的是不断深化理论认知、完善研究方法,使研究结论更客观、研究方法更科学。基于这样的态度,我们汲取了来自各方的反馈意见,重新规划了研究内容和研究路线。并自 2019 年开始采用全国省会城市、直辖市、非省会计划单列市全覆盖加上各地区重点城市居民深度访谈的调研形式,力求实现城市公共安全感调研“铺出去”和“扎下去”的双向并进。

本书内容源自对全国 18 个重点城市中城市居民的第一手访谈资料,在此基础之上编者进一步进行了学术研究及写作并严格保障了访谈内容的真实性及科学性。由于调研工作量越来越大,我们将尝试与兄弟院校及地方政府进行合作,使调研更为顺利。同时也希望通过这种方式使我们的城市公共安全感研究走出来,让“自己”的事业变成“大家”的事业。只有通过共同努力,才能使城市公共安全感研究更加繁荣,使它焕发更强的生命力。

本书的出版得到了江苏高校人文社会科学校外研究基地“江苏省公共安全创新研究中心”、中国城市公共安全管理智库、中国矿业大学“五位一体”本科生实习实践项目、中国矿业大学“行政管理”品牌培育专业经费资助。本书在数十位专家学者和教师的咨询、指导和参与下,发动了数十位本科生、研究生参加调研、录音及写作材料整理等工作,历时近一年得以付梓,是集体智慧、汗水和时间的结晶。

在此向所有参与此书统筹规划、咨询指导、项目调研、书稿写作的专家和师生表示衷心感谢!中国矿业大学出版社的精心策划和耐心编校等工作为本书顺利出版提供了保障,在此给予特别感谢。

本书是集体劳动的成果,书稿写作具体分工为:总体统筹编辑,曹明、周云圣、王义保;北京篇,廉吉忠;长春篇,王颜;长沙篇,赵雅琼;贵阳篇,辛娅;哈尔滨篇,王颜;杭州篇,闫方圆;呼和浩特篇,刘洋;昆明篇,辛娅;南昌篇,赵雅琼;南京篇,段月岚;南宁篇,饶梦彤;宁波篇,闫方圆;上海篇,段月岚;石家庄篇,解宸;太原篇,解宸;天津篇,廉吉忠;西安篇,王梓静;银川篇,刘洋。感谢以上作者在课题前期调研及后期写作中的辛勤付出。虽然我们秉持着一种尽心竭力、精益求精的追求,但科学研究的道路没有终点。随着时代的发展和社会的进步,城市公共安全问题必将愈发得到人们的关注,有关城市公共安全及城市公共安全感的研究将是长远的征程。由于团队成员学识和经验所限,研究中难免有疏漏之处,万望学界同仁和社会各界给予批评指正。同时,我们也欢迎各位加入我们的研究队伍,投入城市公共安全及城市公共安全感研究这项事业,共同创造更高的成果,共同促进研究的发展和繁荣。

编者
2020 年 10 月